掌尚文化
尚文化·掌金融

Explorer of Finance

Salute & Discovery

金融探索者·致敬与发现

Institutional Investors, Corporate Governance and Debt Agency Cost of Company

卢 凌 著

机构投资者、公司治理与企业债权代理成本

经济管理出版社
ECONOMY & MANAGEMENT PUBLISHING HOUSE

图书在版编目（CIP）数据

机构投资者、公司治理与企业债权代理成本/卢凌著．—北京：经济管理出版社，2020.8
ISBN 978-7-5096-7376-8

Ⅰ.①机… Ⅱ.①卢… Ⅲ.①机构投资者—研究—中国 Ⅳ.①F832.51

中国版本图书馆 CIP 数据核字（2020）第 152951 号

组稿编辑：宋　娜
责任编辑：张　昕　杨　娜
责任印制：黄章平
责任校对：王淑卿

出版发行：经济管理出版社
（北京市海淀区北蜂窝 8 号中雅大厦 A 座 11 层　100038）
网　　址：www. E-mp. com. cn
电　　话：（010）51915602
印　　刷：唐山昊达印刷有限公司
经　　销：新华书店
开　　本：720mm×1000mm/16
印　　张：10.75
字　　数：171 千字
版　　次：2020 年 11 月第 1 版　　2020 年 11 月第 1 次印刷
书　　号：ISBN 978-7-5096-7376-8
定　　价：98.00 元

联系地址：北京阜外月坛北小街 2 号
电话：（010）68022974　　邮编：100836

前 言 PREFACE

20 世纪 80 年代以来，随着欧美发达国家资本市场迅速发展，机构投资者规模也快速扩张，成为资本市场的主要参与者。随着机构投资者的规模和地位不断上升，以及股东积极主义兴起，机构投资者在参与公司治理和稳定资本市场方面发挥着越来越重要的作用，许多国家将机构投资者作为公司治理的重要补充机制，大力鼓励机构投资者参与公司治理，监督企业经营管理决策，制衡大股东和管理层，从而达到缓解企业各方代理冲突，缓和代理问题的目的。

在资本市场和机构投资者迅速发展的背景下，机构投资者的治理作用也引起了众多学者关注。机构投资者作为企业股东之一，是否参与了公司治理？在参与公司治理后，又是否能够缓解代理冲突，从而减少企业代理成本？机构投资者由于资金来源、投资理念和投资目标等不同，导致其本身存在异质性，那么这些不同类型的机构投资者参与公司治理后的治理效果是否存在差异？企业因股东和管理人之间冲突而产生股权的代理成本，因股东和债权人之间冲突而产生债权的代理成本，异质机构投资者是否具有缓解股东和债权人之间利益冲突的作用，从而影响企业债权代理成本？本书以我国上市企业和机构投资者为研究对象，探讨异质机构投资者是否参与了公司治理，对企业债权代理成本的影响是否存在差异；通过不同的视角研究异质机构投资者影响企业债权代理成本的中介机制和具体行为，以明确机构投资者这一治理机制在公司治理中所发挥的具体作用。

本书具体研究内容主要从以下几个方面展开：

首先，以我国证券市场为背景，介绍国内机构投资者的发展历程、发展现状和制度环境变迁，介绍我国八种机构投资者及其类别的划分，以及机构投资者参与公司治理的具体方式。以公司治理理论、委托代理理论、资本结构理论、信息不对称理论和融资约束理论为基础，从股东积极主义角度出发，对机构投资者影响企业债权代理成本进行理论分析，并分析不同类型机构投资者治理作用的差异，以及进一步对企业债权代理成本影响的差异。

其次，以我国企业和机构投资者为研究样本，从实证角度出发，研究异质机构投资者对企业债权代理成本的影响。构建异质机构投资者与债权代理成本的实证模型，考察独立型和非独立型机构投资者、集中持股型和分散持股型机构投资者对企业债权代理成本影响的差异，并分析差异形成的原因。

再次，以融资约束为研究视角，研究异质机构投资者影响债权代理成本的中介机制。融资约束是企业在信息不对称情况下对外融资时受到的限制，融资约束的严重程度直接关系到企业借债融资难易程度，从而直接影响企业债权代理成本的高低。本部分先研究异质机构投资者与企业信息不对称之间的关系，然后分析异质机构投资者与融资约束之间的关系，观察异质机构投资者对企业融资约束影响是否存在差异；在此基础上，进一步分析异质机构投资者是否会通过融资约束这一中介机制影响企业债权代理成本，即异质机构投资者是否会影响企业因融资约束而产生的债权代理成本。

最后，从监督行为的视角对异质机构投资者与企业债权代理成本进行研究。企业股东和管理层可以通过资产替代和投资不足等行为侵占债权人利益，这些行为越严重，企业债权代理成本越高。机构投资者是企业的有效监督者，本部分先研究机构投资者是否通过监督对企业资产替代和投资不足行为产生约束和限制，比较和分析不同类型的机构投资者对企业这些行为的影响；然后进一步分析异质机构投资者是否会通过约束和限制企业资产替代和投资不足行为影响企业债权代理成本。

通过上述研究，本书主要结论如下：

（1）通过研究异质机构投资者与企业债权代理成本之间的关系发现：机构投资者存在异质性，参与公司治理程度和治理效果存在差异；将机构投资者分为独立型和非独立型机构投资者、集中持股型和分散持股型机构投资者，研究结果表明独立型和集中持股型机构投资者参与了上市公司治理，发挥了治理作用，缓解了企业股东和管理层与企业外部债权人之间的冲突矛盾，其持股行为有利于降低企业债权代理成本，而非独立型和分散持股型机构投资者参与上市公司治理程度低，对企业债权代理成本无影响。

（2）通过研究异质机构投资者影响企业债权代理成本的中介机制发现：异质机构投资者对企业信息不对称和融资约束的影响不同，对因融资约束而引起的债权代理成本影响也不同；独立型机构投资者参与公司治理具有信息传播功能，缓解企业内外部信息不对称程度，缓解企业融资约束，能够进一步减少企业因融资约束而产生的债权代理成本，因此独立型机构投资者可以通过融资约束这一中介机制作用于企业债权代理成本；而非独立型机构投资者不具有该治理功能，对企业信息不对称、融资约束和债权代理成本基本无影响。

（3）通过以监督行为视角研究异质机构投资者影响企业债权代理成本发现：机构投资者可以监督大股东和管理层，对企业资产替代和投资不足行为产生影响，进而影响因资产替代和投资不足行为而引起的债权代理成本，但该治理作用具有异质性；独立型机构投资者减轻企业资产替代和投资不足行为，有利于企业股东和管理层与企业外部债权人之间利益冲突的缓解，从而能够减少企业因资产替代和投资不足而产生的债权代理成本；非独立型机构投资者则不具有该项治理作用。

本书主要的创新有以下方面：

（1）过去在研究企业债权代理成本时大部分学者是采用单一指标作为代理变量，本书通过资产负债率、非流动负债率和财务费用率三个指标多维度综合判断我国上市企业债权代理成本。

（2）本书从机构投资者异质性的角度出发，从理论和实证层面分析不同类型的机构投资者在公司治理中所起作用的差异，在一定程度上拓宽了我国机构投资者参与公司治理的研究视角，丰富了机构投资者影响公司治理的研究层次。

（3）基于机构投资者治理作用，首次将信息不对称、融资约束和监督行为引入了分析框架，揭示了异质机构投资者对企业债权代理成本影响的内在作用机理，并且进一步分析了不同类型机构投资者内在机理作用的差异。

目 录 CONTENTS

第一章　绪　论

第一节　研究背景与问题的提出

一、研究背景

公司制企业是现代企业组织形式中最普遍、最有活力的一种，具有风险分散、筹资便利和资本流动性强的优点，适合从事较大规模生产经营活动，因此在国民经济中占主导地位。公司制企业的本质特征是所有权和经营权分离下的委托代理关系，即资本所有权和资本运作权并不是统一的，在公司运作过程中是割裂开的，企业所有者并不负责企业日常生产经营活动，而企业日常生产经营管理者也不是企业出资人，这就是两权分离学说。该学说是由Berle和Means提出的，早在1932年，两人就在《现代公司与私有财产》一书中考察了美国200家大规模公司，他们发现，“这些现代公司组织形式已经发生了所有与控制的分离，公司实际已由职业经理组成的控制者集团所控制”①。两权分离是经济发展的产物，是社会进一步分工的必然结果，它的存在使企业经营权从所有权中剥离出来，由专业人员负责企业的生产经营，使现代企业管理更为科学合理。

① Berle A. A., Means G. C.. The Modern Corporation & Probate Property [M]. United States: Transaction Publishers, 1932.

虽然两权分离为现代企业生产经营带来了便利，但在此制度下的委托代理关系却并不和谐。作为委托人的企业所有者和作为代理人的管理者之间的利益经常存在不一致，管理者所追求的是个人效用最大化，而委托者所追求的是企业利润最大化，再加上委托人和代理人之间的信息不对称，使代理人的“道德风险”和“逆向选择”成为可能。在这种情况下，如果没有有效的约束机制安排，往往会出现代理人损害委托人利益的行为。因此，委托人和代理人除了需要通过明确的契约来确定各自权利与责任以外，还需要通过激励和监督机制使双方利益尽最大可能趋于一致，而制定和执行这些契约及机制是需要付出成本的，这就导致代理问题的产生，为解决代理问题所产生的成本即为代理成本。代理成本理论是由 Jensen 和 Meckling（1976）提出的，他们把代理成本分成了三部分：委托人的监督成本、代理人的担保成本和剩余损失，其中前两个成本是制定、实施和治理契约的成本，最后一个成本是最优契约下不被执行的机会成本。从资本结构角度看，代理成本又可分为权益的代理成本和债务的代理成本，前者是股东与管理人之间利益冲突所形成的成本，后者是指债务人的企业融资难度由于监督和约束而增加所形成的融资代理成本。

代理成本的存在会导致企业效率低下、资源浪费和资本的无效配置，不利于企业的发展壮大。既然代理成本出现的原因是股东和管理者之间、债权人和股东之间的冲突以及信息不对称，因此降低代理成本的重点就在于缓解冲突以及降低信息不对称程度，这也是公司治理需要完成的重要目标。从广义角度看，公司治理是研究企业权利安排的一门科学；从狭义角度看，公司治理是居于企业所有权层次，研究如何授权给职业经理人，并针对职业经理人履行职务行为行使监管职能的科学（朱长春，2014）①。由此可见，完善的公司治理结构和良好的公司治理水平有利于缓解代理问题，降低代理成本。

那么，该如何改善公司治理，减轻企业代理成本呢？一般来说，现代企业治理结构包含三部分框架：决策、执行和监督，即设置股东大会和董事会进行决策，与监事会之间互相监督并共同对经理层实施监督。这种机制看似

---

① 朱长春．公司治理标准［M］．北京：清华大学出版社，2014.

非常完美，但是在实际实施过程中，人们发现这样的机制设置也不是一劳永逸的，并不能完全解决代理问题，有时甚至会使代理问题更为严重。比如，同样作为委托人的股东有大股东和小股东之分，二者之间的利益冲突可能会导致大股东对小股东的利益侵占；作为代理人的高管人员也可能会想尽一切办法逃开相关部门监督，使自己的效用最大化，这就会损害股东利益；作为企业外部资金供给者的债权人只要求企业安全地偿还本金和利息，而股东却希望尽可能发挥财务杠杆效应以获得更高的报酬率。因此，仅依靠企业这些权力机构来进行公司治理是不完善的。

从 20 世纪 80 年代起，机构投资者在英美等发达国家迅速发展，已经占据了资本市场的主导地位，在这些国家，机构投资者普遍拥有上市公司 2/3 以上股份，彻底改变了公司股权结构。随着股东积极主义的兴起和机构持股量的持续增加，机构投资者参与公司治理的愿望和动机也愈加强烈，被西方发达国家学者视为能够改善公司治理和缓解代理问题的良方。从持股的角度分析，机构投资者本身就是股东，当公司有良好的治理环境和较高的发展潜力时，公司股票才有增值空间，机构投资者可以从中长期获利；从专业性的角度分析，机构投资者有专业分析师、更广泛的信息获取渠道，他们有能力对企业的经营状况做出适当的评估并参与公司治理；从外部监督的角度分析，机构投资者可以和政府机关、广大股民、投资银行和评级公司等不参与企业日常管理的外部人一起对企业实施监督，规范和约束企业行为。因此，无论是作为一个监督者，还是政策制定者，机构投资者这个角色在参与公司治理方面具有先天优势，可以克服一些原有公司治理体系的缺陷，是对公司治理机制的良性补充。

我国机构投资者虽然起步较晚，但是发展迅猛。1999 年，机构持股仅占当时流通市值的 30%，此时资本市场上还是自然人占主导。为鼓励机构投资者发展，中国证监会首次提出了“超常规发展机构投资者”的重大战略。随后，中国机构投资者进入了飞速发展阶段。进入 21 世纪以来，我国又陆续出台了一系列允许机构投资者入市的规定，证券投资基金、券商、社保基金、保险公司、合格境外机构投资者（Qualified Foreign Institutional Investors，QFII）等各类专业机构投资者纷纷进入证券市场。此外，从 2005 年我国也开始启动股权分置改革，2007 年又开始了法人股的陆续解禁，中国股市发生了巨大的变化。在此变革下，大小股东利益趋同，同股同权、同股同利也变为现实，为中国股市健康发展奠定了坚实基础。随着中国股市日益健全和对机构投资者发展的大力提倡，机构投资者在证券市场上扮演的角色越来越重要，其持股份额也稳步提升，已成为国民经济的重要组成部分，证券市场也经历了从个人投资者为主体到机构投资者为主体的资本市场结构动态转变。截至 2010 年底，我国各类机构投资者持股占全部 A 股流通市值的 70%（包括国有股和法人股），并且形成了以证券投资基金为主，其他机构投资者（保险、QFII、社保基金、企业年金等）共同发展的格局。

我国机构投资者在数量上和规模上的发展壮大为其入市和参与公司治理提供了良好条件，加上股东意识崛起，机构投资者的股东积极主义也越来越流行，我国机构投资者在参与公司治理方面发挥着越来越重要的作用。机构投资者参与公司治理途径是多种多样的，如可以行使投票权、提交股东提案、公开建议、组成机构投资者联盟，甚至可以公开向上市企业派董事，直接参与公司决策。机构投资者参与上市公司治理比较著名的案例有 2000 年方正科技股权争夺事件、2004 年宝钢股份增发事件、2012 年耶鲁大学基金会和鹏华基金会联名推举冯继勇进入格力董事会事件等。这些轰动全国事件的发生，也恰好说明了我国机构投资者正在努力扮演好市场和国家所给予的角色，积极参与公司治理。

二、问题的提出及意义

代理成本是衡量公司治理有效性的重要指标，不同类型的机构投资者参与公司治理也必然会对代理成本产生不同影响。Jensen 和 Meckling（1976）在代理成本理论中将代理成本按所有者结构分为权益代理成本和债权代理成本，在我国上市企业中，这两类代理成本同时存在。我国还处于社会主义初级阶段，资本市场发展起步晚，法律制度和监管体系还不完善，且上市公司又多由国企改制而来，可以说治理结构有很大的缺陷。一方面，管理者的贪腐、高额的在职消费和监督机制的缺乏等一系列原因导致上市企业股权代理问题严重，股权代理成本居高不下。另一方面，当企业股权代理成本较高时，企业可能会增加负债融资作为解决问题的一种方式。这是由于负债可以缓和管理层与股东的冲突，限制管理者用于谋取自身利益的自由现金，督促管理者努力工作，更好地为企业和股东服务，对管理层行为产生诸多方面约束。此外，负债的存在使企业破产成为可能，而作为“破产厌恶者”的企业管理层为避免破产，会更加努力地工作；负债还能从一定程度上限制企业管理者的“过度投资”，减少企业盲目追求投资规模而导致企业现金流量不足的可能性。此时，虽然股权代理成本能够得到遏制，但同时债权代理成本又成为突出问题。股东和债权人之间也是委托代理关系，同样存在冲突。股东可以将通过负债融资而来的资金投资于风险较大的资产以追求高额回报，实现财富从债权人向股东转移；在已有债务的情况下，股东还可以通过发行新债以提高财务杠杆，使原有债务风险增加。当企业债务过高面临债务威胁时，即使有好的投资项目，股东的投资意愿也比较低，因为此时有关项目的风险绝大部分由股东承担，而收益却归债权人所有，容易产生投资不足问题。当债权人在事前充分预计到了这些风险时，他们有可能会要求提高资金的利率、在合同中要求加上各种限制性条款，或者采取其他方式进行监督，而所有这些行为都将导致成本和费用的增加，并且这些成本和费用最终都由企业承担，形成了企业债权代理成本。由此可见，当企业增加债务融资时，可以减少股权代理成本，但相应也会导致股东和债权人之间的利益冲突，从而增加债权代理成本。因此，只有当股权和债权的代理成本之和在权衡下达到最低，才是公司治理的最佳状态。

虽然机构投资者对公司治理的重要性已不言而喻，但机构投资者的参与对公司治理的影响效果却是具有争议性的。有关机构投资者参与上市公司治理的国内外研究有很多，一部分学者认为机构投资者参与了公司治理，对企业融资决策、收益分配、信息披露、高管薪酬和企业绩效等一系列企业活动都产生了影响，最终也会影响代理成本；另一部分学者则认为机构投资者并没有充分发挥作用，对公司治理的影响不大；有些学者甚至发现，机构投资者持股后非但没有改善公司治理，反而加重了代理问题；还有些学者发现，机构投资者存在异质性，各类机构投资者在其自身特征、投资行为、目的偏好和期限等方面的差异，导致了异质机构投资者对被投资公司的影响是不一样的。有些机构投资者对一家上市企业的持股时间短，而有些则坚持长期持股；有些机构投资者与被投资企业有商业联系，有些则没有；有些机构投资者对上市企业的持股比例高，而有些则持股比例低。这些机构投资者的不同特征将导致其对上市公司治理参与程度及效果的差异。因此，要研究机构投资者在公司治理中到底有没有发挥作用，先要区分哪些机构投资者是有动力并且能够参与公司治理的，哪些则不能，再分析这部分能够在公司治理中起作用的机构投资者的治理效果。因此，分析不同类型机构投资者的公司治理作用及其是否对代理成本产生影响，有利于揭示机构投资者特征以及如何影响其投资目标和理念，有助于对机构投资者这一治理机制获得更深刻的理解。

目前关于机构投资者和代理成本之间关系的研究有一些，但对于机构持股是增加还是降低代理成本这个问题，国内外学者并没有达成统一的意见，且绝大部分在研究时并没有对股权代理成本和债权代理成本进行区分，或者仅研究对股权代理成本的影响，对于单独债权代理成本的研究则并不多见。此外，在实证研究中对代理成本进行计量，大部分学者都是采用简单的财务指标表示代理成本，如经营费用和主营业务收入之比、资产周转率、管理费用率和总资产周转率等，虽然有一定的合理性，但是代理成本本身是复杂的、难以直接计量的，这些财务指标并不能充分反映企业真实的代理成本。在债权代理成本方面，在机构投资者持有上市公司股份后，可能会导致企业治理结构和融资结构发生改变，进而对债权代理成本产生影响。例如，机构投资者参与公司治理后，可能会改善企业治理水平，降低外部债权人和企业之间的信息不对称程度，缓解企业融资约束程度，从而减少企业融资成本；可能会参与上市企业融资决策，对负债期限结构产生影响，从而影响企业融资水平和成本；可能与企业大股东勾结在一起，做出不利于债权人利益的行为，侵占债权人利益，从而加重股东和债权人之间的冲突，引起债权代理成本的增加。更进一步地分析，不同类型的机构投资者，由于其对公司治理的影响程度不同，其对债权代理成本的影响也会有所不同。

现阶段，机构投资者和债权人多集中于对整体代理成本和股权代理成本的研究，而关于债权代理成本的研究不多见，虽然国内外也有关于债权代理成本度量的研究，但大多都停留在理论层面，涉及实证分析的非常少。异质机构投资者参与公司治理后，是否对企业融资结构和决策、治理结构、信息不对称等情况产生影响，进而影响债权代理成本，这部分研究则基本为空白。本书从理论和实证的角度出发，研究异质机构投资者究竟在多大程度上影响了债权代理成本，并且就影响机制进行了探讨，为我国机构投资者参与公司治理提供一些借鉴意义的经验证据，完善和丰富机构投资者治理理论。另外，在这方面展开深入、系统的研究，有利于理解现阶段我国机构投资者的治理作用，更好地把握我国机构投资者发展趋势，为指导我国机构投资者治理实践提供依据。

第二节 基本概念界定

一、机构投资者的定义及分类

1. 机构投资者的定义

机构投资者这一名词在国内外资本市场上出现是十分频繁的，但是对于这一名词在理论上的定义却又非常少见。由于各国国情和法律环境不同，加上机构投资者又是不断变化和发展的，学术界对于机构投资者的界定并没有统一说法。国外比较权威或全面的说法有以下几种：一是按照《新帕尔格雷夫货币与金融词典》的定义："机构投资者就是许多西方国家管理长期储蓄的专业化的金融机构。这些机构管理着养老基金、人寿保险基金和投资基金或单位信托基金，其资金的管理和运用都由专业化人员完成。因为这些机构要负责确保基金受益人获得满意的回报，故他们必须根据每天的情况来考虑如何安排其持有的结构与规模。"① 二是按 Brancato（1991）给出的定义："所谓机构投资者，是对应或有别于个体投资者，总体上基于这样的事实而存在，即资金由职业化人员或机构管理，广泛投资于不同领域。管理的资金种类主要包括私人养老金、国家和地方退休金、共同基金、封闭性的投资信托基金、人寿保险公司、财产和意外伤害保险公司、银行管理的非养老基金

① Newman P.，Milgate M.，Eatwell J.. 新帕尔格雷夫货币金融大辞典［K］. 胡坚等译. 北京：经济科学出版社，2000.

和慈善研究或捐赠基金。"[①] 三是按美国的《Black 法律词典》将机构投资者定义为："大的投资者，如共同基金、养老基金、保险公司以及用他人的钱进行投资的机构等。"[②] 四是按《企鹅分类词典：经济学》给出的定义"机构投资者是相对于个人投资者而言的，就是运用来源于证券收益、存款或其他方式资金进行投资的组织，如保险公司、投资信托基金、单位信托基金、养老基金、信托公司，拥有上市交易证券额的 3/4"。[③] 从以上几个定义可以看出，第一个定义所指的机构投资者是专门投资于证券业并积极管理这种投资的金融中介机构，这就把产业基金、风险投资基金及大陆法系国家的银行都排除在外了，因此这个定义是不完全的；第二个定义强调了机构投资者与个人投资者之间的差别，突出了机构投资者的专业化和机构化特征，但并没有说明机构投资者的证券组合投资管理功能；第三个定义仅对机构投资者的范围做了一个说明；第四个定义不仅规定了机构投资者业务范围，还对机构投资者规模有一个界定。

我国对机构投资者的定义比较权威的是严杰主编的《证券词典》中的说法："所谓机构投资者，又称团体投资者，是个人投资者的对称，是指以自由资金或信托资金进行证券投资活动的团体。包括投资公司、投资信托公司、保险公司、储蓄银行、各种基金组织和慈善机构等。"[④] 这一定义指出，机构投资者的特点在于，相对于个人投资者来说，他们一般都拥有巨额资金，收集和分析证券等方面信息的能力强，能够进行和完成分散投资。他们从投资者、保险户、储蓄户等方面吸收大量资金，将其中一部分投放证券市场进行投资活动。这一概念实际也是将机构投资者作为个人投资者的对称概念，进行二分法式的定义。

从上面所列的几个定义可以看出，对于机构投资者的定义，各国学者都说法不一，但仍可从中总结出一些机构投资者所共有的特征：是一种金融机构，可以吸收社会上大量的资金，并由专人进行专业化的证券投资；是社会

① Brancato C. K.. The Pivotal Role of Institutional in Capital Markets [M]. New York: Amold W. Sametz Institutional Investing, 1991.

② Garner B. A.. Black's Law Dictionary [K]. Mini Sota: West Group, 2009.

③ Greener M.. The Penguin Business Dictionary [K]. UK: The Penguin, 1999.

④ 严杰. 证券词典 [K]. 上海：复旦大学出版社，1993.

分工的必然产物，是证券投资组织化及专业化的结果；可以通过资产组合达到分散风险的目的，并尽可能追求更好的收益；具有双重委托代理身份，既是上市公司股东（委托人），又是个体投资者的受托人；是独立的法人组织，受到国家和政府政策法规的约束。因此，从广义上说，只要符合上述特征的专业投资机构都可以称为机构投资者，包括证券中介机构、证券投资基金、私募基金、养老基金、社会保险基金、保险公司、商业银行、私人基金会和社会慈善机构等。狭义的机构投资者则专指可以在资本市场进行有价证券投资的金融机构，在我国主要包括证券投资基金、券商、信托公司、保险公司、财务公司、QFII、社保基金和企业年金。本书研究对象是狭义的机构投资者。

2. 机构投资者的类型划分

根据机构投资者的定义以及我国证监会的分类标准，我国机构投资者涵盖了以下几类：一是证券投资基金。以集资的方式形成独立的基金财产用于证券投资，多以资产组合的方式购买股票和债券等有价证券，是证券市场上的主要交易者，历年来持股比例在各类机构投资者中也是最高的。我国最早的证券投资基金是“怡富中国基金”，由中国银行和中国国际信托投资公司于 1987 年在中国香港设立，此后在内地又成立了“武汉证券投资基金”“深圳南由风险投资基金”等。截至 2018 年 8 月底，我国境内共有 118 家基金管理公司，公募基金数量已达 5325 只，规模合计 13. 83 万亿元，已登记的私募基金管理人 241919 家，已备案私募基金数量达 74701 只，产品规模 12. 8 万亿元。二是券商。即证券交易公司，是深交所和上交所的代理商，是我国最早出现的一类机构投资者，其自有资本金可以投资于股票市场。我国证券公司的发展最早始于 20 世纪 80 年代，对证券流通和发行业务的需求促成了第一批证券经营机构的成立。截至 2016 年 12 月 31 日，我国合规的券商共有 129 家，资产规模达 5. 79 万亿元，此外还有上百家经营证券业务的投资公司，这些证券公司在我国资本市场上一直扮演着重要角色。三是社保基金。以社会保障保险基金历年结余部分资金为主，这部分资金用于投资的主要目的是实现资产保值增值。2001 年，我国颁布了《全国社会保障基金投资管理暂行办法》，允许社保资金入市，但投资比例不得超过 40%；2016

年，我国又实施了《全国社保基金条例》，选出21家基本养老保险基金证券投资托管机构，以管理入市的养老保险金。随着我国社保体系的完善和经济发展，我国的社保资金入市规模也会随之增加，成为我国证券市场最重要的机构投资者之一。四是保险公司。通过收取保险费建立保险基金，设立保险资产管理公司或者运用受托管理的企业年金进行证券投资活动。1999年，国务院批准保险公司可在一级市场上买卖和配售证券投资基金，间接地投资于证券市场，但入市规模仅占保险公司资产的5%；2002年保险公司间接入市的比例限制放开，且直接入市的限制也被取消；2005年，华泰财产保险公司在证券市场买入股票，标志着我国保险公司资金直接入市。五是信托公司。以信任委托为基础，作为受托人代人理财，是现代金融业三大支柱之一。信托公司可将受托资金在资本市场投资以获取收益。中国国际信托投资公司是我国改革开放后第一家信托机构，于1979年宣告成立，标志着我国信托制度的恢复；2007年，我国又颁布了《信托公司管理办法》《信托公司集合资金信托计划管理办法》等规定，对信托业务和信托公司的经营范围作出了新的规定。截至2016年底，新法规下我国信托公司达到68家，管理资金规模达到20.22万亿元。六是财务公司。以中长期金融业务为主的非银行金融机构，多附属于企业集团而存在，旨在为企业集团提供金融服务，提高集团公司的资金使用效率，可以吸纳成员单位的资本金用于投资。我国于1987年成立了第一家财务公司——东风汽车工业集团财务公司，此后我国的财务公司迅速发展，几乎所有基础产业和重要领域的大型企业集团都成立了自己的财务公司。截至2015年底，我国财务公司数量已达224家，资产规模达3.81万亿元。七是企业年金。国家基本养老保险外的一种重要的补充养老保险形式，是企业根据自身经济实力自愿建立的，为职工提供一部分退休收入保障的制度，这部分资金也可用于投资股票或债券，以实现资金的保值增值。2016年10月，人社部和财政部联合印发了《职业年金基金管理办法》，规定用于投资权益类产品的资金比例不得超过年金基金财产规模的30%。截至2017年底，我国企业年金累积基金已将近1.29万亿元，入市规模可达千亿元。八是QFII。QFII是指符合中国证监会、中国人民银行和国家外汇管理局发布的《合格境外机构投资者境内证券投资管理办法》规定条件，经中国证监会批准投资于中国证券市场，并取得国家外汇管理局额度批准的中国境外基金管理机构、保险公司、证券公司和其他资产管理机构。我国于 2002 年底实施了 QFII 制度，允许合格的外国专业机构投资者到境内投资。2011 年 12 月，我国又发布了《基金管理公司、证券公司人民币合格境外机构投资者境内证券投资试点办法》，允许 RQFII（人民币合格境外机构投资者）投资于境内证券市场。自 QFII 和 RQFII 成立以来，机构的数量、获批的额度和入市资金规模都在持续增长，截至 2017 年 5 月，共有 283 家 QFII 累积获批投资额度 927.24 亿美元，184 家 RQFII 累积获批额度 5431.04 亿元，成为我国资本市场的一股新兴势力。

以上是我国机构投资者的类别，从上述内容可以看出，不同的机构投资者资金来源和投资目的是有差异的，会导致各类机构投资者在资本市场上的投资策略和资产配置的差异。例如，保险公司和社保基金的资金具有规模大、期限长的特征，以保值增值为主要目标，在政策上监管机构对此类资金投资有一定的限制，把资金的安全性放在第一位，在选股时更看重企业本身的价值而不是市值，偏好收益稳定、分红比例较高的行业，总的来说投资策略比较稳健；证券投资基金和券商则侧重于在资本市场赚取更多的利润和取得差价收入，投资策略更为灵活，对股市的投资更倾向于随行就市以实现利润最大化；还有一些机构投资者是国家发起设立的证券类金融机构（如汇金证金），旨在稳定资本市场，运用市场化手段控制风险，这部分机构投资者持股比重大，甚至超过了公募基金的规模，偏好持有金融行业企业的股票且持股相对稳定。

除了上述从机构投资者的性质角度对其进行的划分外，国内外学者还根据机构投资者与被持股公司是否有商业关联、持股量大小及持股时间长短将其划分为独立和非独立机构投资者、集中和分散持股机构投资者以及长期和短期机构投资者，以下将逐一介绍。

（1）独立和非独立机构投资者。又称为压力抵制型和压力敏感型机构投资者，是根据机构投资者是否与上市企业之间存在商业联系或存在潜在的商业联系来分类的。企业年金、财务公司、信托公司、证券交易公司和保险公司都属于非独立（压力敏感型）机构投资者，这一类机构投资者与企业关系密切，有些机构投资者与企业有业务往来，有些甚至本身就是依附于企业集团而存在的，因而独立性较差，相较于参加公司治理，他们更希望与上市企业建立稳定的商业关系，并且从中获取利益。此类机构投资者在参与公司治理时可能迫于维持商业关系的压力而受到企业管理层和大股东的限制，不能从维护中小股东利益和提高企业价值的角度出发，全心全意监督和约束公司高管和大股东的行为，规范企业经营决策和路线方针。当经理人和股东有侵占企业其他相关者利益的行为时，他们往往采取旁观和默许的态度，并不会积极阻止，甚至与大股东和管理层一起合谋，共同侵占中小股东和债权人的利益。鉴于此，非独立的机构投资者不能真正有效参与公司治理，即使参与了公司治理，其治理的效果也大打折扣，有时甚至会加深大股东和中小股东、股东与债权人之间的矛盾冲突，导致代理成本的增加。

独立（压力抵制型）机构投资者是指机构投资者与上市企业不存在商业关联，能够保持自己的独立性，我国该类机构投资者主要有证券投资基金、QFII和社保基金。相较于非独立的机构投资者，独立的机构投资者没有维持与上市企业商业关系的压力，不需要考虑与上市企业管理层和大股东处好关系，因此在参与公司治理时能够积极监督管理层和大股东，他们可以不遗余力地对管理层不当行为提出警告并且督促改正，对大股东的利益侵犯行为进行制衡，对制定的不合理决策提出反对意见，反对不利于企业生产经营和价值提升的行为。由此可见，独立（压力抵制型）机构投资者会积极参与公司治理，发挥监督和治理作用，缓解利益各方之间的矛盾，降低企业代理成本。

（2）集中持股和分散持股机构投资者。根据对企业持股量的多少，可以将机构投资者分为集中持股（大量）和分散持股（非大量）两类。集中持股的机构投资者是指对上市企业持股达到一定比例的机构投资者，这类机构投资者因持股量巨大，是企业大股东的一员，无论是在举荐董事会成员，还是在决定企业的日常生产经营方针和投资策略上，都具有很大的话语权和投票权。因此，此类机构投资者有机会参与公司治理，监督管理层，当机构投资者对某家企业持股量达到一定程度时，甚至可以直接在企业的董事会占有席位，直接参与企业日常生产经营管理。此外，集中持股的机构投资者对企业的持股量大，说明看好企业未来经营前景，因此他们也有动力参与公司治理，通过改善治理结构，提高企业整体竞争力和企业价值，从而获得利益。此外，从持股比例来看，集中持股的机构投资者也属于大股东，且随着持股比例增加，机构投资者在股东中的地位也更加重要，在参与公司治理方面可以起到带头作用，发动企业其他大股东一起对企业管理层进行制衡和监督，从而提高整个股东层面对企业生产经营和重大事项决策的参与程度，提高公司治理水平。

分散持股的机构投资者，是指机构投资者对上市企业的持股并不集中，而是将资金散布于多家企业。这类机构投资者对单独某家上市企业的持股量小，属于广大中小股东的一员，对企业的生产经营和投资也没有决策权，仅可以通过在股东大会上投票参与企业生产经营，因此分散持股的机构投资者很难直接参与公司治理，也无力对控股股东和管理层进行监督和制约。此外，分散持股的机构投资者要参与上市公司治理，需要收集上市企业信息并进行分析，然后提出相应决策建议并监督决策实施的效果，而这一过程要耗费大量人力、物力和财力，但机构投资者的收益仅仅是企业按持股比例分配的股利或股价上涨带来的价差收益，并不能补偿之前参与公司治理所耗费的成本。因此，从收益和成本的角度考虑，分散的机构投资者也没有足够的动力参与公司治理。

（3）长期和短期机构投资者。根据机构投资者换手率的高低可以将其分为长期机构投资者和短期机构投资者。长期机构投资者，也称为稳定型机构投资者，是指更看重企业长期投资价值和盈利能力而不是短期价格波动，具有低换手率和投资期限长特征的机构投资者。这类机构投资者能够较长期稳定地持有某一家或某几家上市公司股票，是上市公司的长线投资者，有利于股票市场平稳发展。一方面，他们不会因为企业暂时性收益下跌就抛售企业股票；另一方面，他们有充足的时间和积极的意愿参与公司治理，搜集企业信息，对企业管理层和日常经营活动实施监督，通过对企业长期持续不断的关注和监督来改善公司治理，从而提高企业价值并从中获得长期且稳定的回报。随着机构投资者持有企业股权的时间越长，机构投资者越能够发掘出更多有关企业的信息，有利于降低信息不对称程度，督促管理层尽职尽责地为企业服务，监督并预防他们滥用职权侵占利益的行为，改善公司治理，缓解股东和经理人、股东和债权人之间的冲突，从而降低代理成本。

短期机构投资者，也称为交易型机构投资者，是指交易换手率高，具有投机性特征，更偏好企业的短期盈利，通过短期买进卖出企业股票以赚取价差收益的机构投资者。这类机构投资者没有明显动机去监督企业管理层和参与公司治理，他们更偏好于利用股票价格波动获得收益。相较于长期机构投资者，短期机构投资者没有足够的时间深入了解企业各方面信息，不关心企业的长期价值和企业是否在未来可持续发展，对企业短期盈余信息较敏感，注重企业的业绩排名和评估。因此，短期机构投资者难以起到稳定市场的作用，甚至会加剧股票市场的上下波动，从中起到推波助澜的作用。从公司治理的角度看，因投资期限短，而企业价值提升又需要一段较长的时间，短期机构投资无法通过提高企业价值而获得回报，没有动力对企业实施监督，常采取“用脚投票”的投资策略，因此对企业不具有治理效用，有时甚至会加剧企业利益相关者之间的冲突，因图谋短期利益而与管理层或大股东一起合谋进行利益侵占，从而增加企业代理成本。

二、公司治理的定义

公司治理（Corporate Governance）又称为企业管制，目前学术界对其并没有统一的定义，国内外许多学者都对此进行了研究和讨论。Cochran 和 Wartick（1988）[①]、钱颖一（1995）[②] 从制度安排的角度出发，认为公司治理是为实现股东利益最大化和解决企业利益相关者之间特定问题而进行的一系列制度安排，这些制度规定了企业各方当事人之间责、权、利的分配方法，使这些当事人可以分工协作，相互监督，保证企业能够持续经营下去并实现各自经济利益。Shleifer 和 Vishny（1997）[③]、Tirole（2001）[④] 从投资者保护的角度出发，认为公司治理就是保证作为出资人的股东能够获得回报的决策机构，股东与经理人之间存在委托代理问题，导致股东的利益极易被侵占，因此公司治理的首要目标就是保护股东利益。吴敬琏（1994）[⑤] 从组织结构

① Cochran P. P., Wartick S. L.. Corporate Governance: A Review of the Literature [M]. USA: Financial Executives Research Foundation, 1988.

② 钱颖一. 企业的治理结构改革和融资结构改革 [J]. 经济研究, 1995 (1): 20-29.

③ Shleifer A., Vishny R. W.. A Survey of Corporate Governance [J]. The Journal of Finance, 1997, 52 (2): 737-783.

④ Tirole J.. Corporate Governance [J]. Econometrica, 2001, 69 (1): 1-35.

⑤ 吴敬琏. 现代公司与企业改革 [M]. 天津: 天津人民出版社, 1994.

的角度出发，认为公司治理就是由董事会、经理人和股东形成的互相协作、互相监督和制约的关系，三者共同构成了一种组织结构。还有的学者将公司治理分为狭义和广义的定义（张维迎，1996[①]；李维安，2009[②]；朱长春，2014[③]），认为狭义的公司治理是股东对经理人的监督机制，是对企业各方当事人的权利安排；广义的公司治理则是各种正式或非正式的法律、文化和制度安排，用于协调不同当事人之间权利和利益分配问题。

以上是国内外一些学者对公司治理的定义，从上述定义可以看出，学者们从不同的研究角度诠释了公司治理，有的强调了公司治理相互制衡的特点，有的突出了企业权利安排的方式，有的注重公司治理的决策作用。通过对这些定义总结可以看出，公司治理实际上包含了两方面含义：一是企业各方利益相关者通过协商所形成的一种契约，这个契约规定了各方责任、权利和利益的分配，公司治理安排的就是这种契约关系；二是公司治理目的在于解决各方当事人之间的代理问题，保护当事人的利益，使企业各方互相协作，互相监督，实现利益的共赢。以上也是本书所采用的对公司治理的定义。

三、债权代理成本的定义

代理成本是由 Jensen 和 Meckling（1976）提出的，他们将代理成本定义为代理问题所产生的损失，由于企业的两权分离制度，委托人（股东）和代理人（经理人）利益不一致而导致代理冲突，由此带来的各种监督成本、制定契约成本、约束成本、剩余损失等。根据冲突方可以将利益冲突分为两类：股东和经理人之间的冲突以及股东和债权人之间的冲突，即股东和经理人冲突产生股权的代理成本，股东和债权人之间的冲突产生债权的代理成本。企业通过对外借债进行融资形成债权人，与股东利益存在不一致，企业股东可能会通过各种方式侵占债权人利益，而债权人也相应会通过提高利息回报、签订限制性条款、监督和约束来保护自己的利益，从而产生了一定的

---

① 张维迎．所有制、治理结构与委托—代理关系［J］．经济研究，1996（9）：3-15.

② 李维安．公司治理学［M］．北京：高等教育出版社，2009.

③ 朱长春．公司治理标准［M］．北京：清华大学出版社，2014.

成本。企业股东侵占债权人利益行为主要有资产替代、债权稀释和投资不当等，而企业的这些行为最终是通过公司的决策机构和经理人决定并执行的，在面对债权人时，股东和经理人极有可能通过合谋共同侵占债权人利益。因此，本书对债权代理成本的定义是股东和经理人与债权人之间利益冲突所产生的损失。

第三节　研究思路与结构安排

一、研究思路

本书研究异质机构投资者对上市企业债权代理成本的影响，从机构的独立性及持股集中度出发，将机构投资者分为独立（压力抵制型）和非独立（压力敏感型）机构投资者、集中持股和分散持股的机构投资者，以此为基础建立机构投资者与债权代理成本的计量模型，明晰各类机构投资者对债权代理成本变化的影响方向及其力度。在研究过程中，达到以下具体目标：

（1）研究异质机构投资者行为特征，分析在以下几类机构投资者中：独立（压力抵制型）和非独立（压力敏感型）、集中持股和分散持股，哪些机构投资者有能力参与公司治理，对企业债权代理成本产生影响，并分析各类型机构投资者产生差异的原因和运行机理。

（2）通过综合指标判断我国上市企业债权代理成本。以往对债权代理成本的研究主要集中在理论方面，即使有一些实证研究，但在债权代理成本这一指标运用上过于简单，本书将采用多因素指标对企业债权代理成本进行判断。

（3）构建异质机构投资者和债权代理成本实证研究模型，从实证的角度分析二者之间的逻辑关系，分析不同类型机构投资者对企业债权代理成本产生的差异。

（4）研究我国异质机构投资者对债权代理成本产生影响的途径：一是研究异质机构投资者作为股东是否会改善公司治理，缓解企业融资约束，减少企业融资成本，进而明确其对债权代理成本产生的影响；二是研究异质机构投资者参与公司治理后，是否会对大股东和管理层进行监督和制约，改善治理结构，防止大股东和管理层通过资产替代、投资不足、债权稀释、股利发放等行为侵占债权人利益，缓解债权人、股东和管理层之间的冲突，从而减少企业债权代理成本。

全书研究思路分为三个层面。第一个层面构建本书的理论基础与逻辑框架，是本书需要重点阐述的部分，对异质机构投资者参与公司治理的理论进行分析，剖析机构投资者与企业债权代理成本之间内在逻辑联系；分析机构投资者参与公司治理内在动机与参与方式；对机构投资者相关概念进行界定，并将机构投资者按照不同标准进行分类，奠定后续开展研究的基础。

第二个层面是从实证的角度研究机构投资者持股与企业债权代理成本之间的关系。收集我国上市企业和机构持股数据，构建异质机构投资者与债权代理成本实证模型，揭示二者之间的内在联系，分析不同类型机构投资者对债权代理成本影响的差异性；从融资约束这一中介机制的角度出发，考察异质机构投资者影响债权代理成本的中间机制，即机构投资者参与公司治理后，是否能够减轻企业信息不对称程度，对企业融资约束产生影响，进而影响因融资约束而产生的债权代理成本；从资产替代、投资不足等具体行为出发，考察异质机构投资者参与公司治理后，是否具有治理功能，约束企业大股东和管理层的利益侵占行为，从而缓解各方利益冲突并减少企业债权代理成本。

第三个层面是本书的总结部分，在第一层面和第二层面研究的基础上得出主要研究结论，而后就我国机构投资者的发展、监管和投资策略等提出政策建议，最后就本书的研究不足和未来研究方向进行阐述。

本书的技术路线如图 1-1 所示。

二、结构安排

以我国机构投资者为研究对象，根据机构投资者的独立性、持股期限和持股集中度对其分类，研究不同类型的机构投资者参与公司治理后对企业债权代理成本的影响；尝试寻找异质机构投资者影响企业债权代理成本的中介

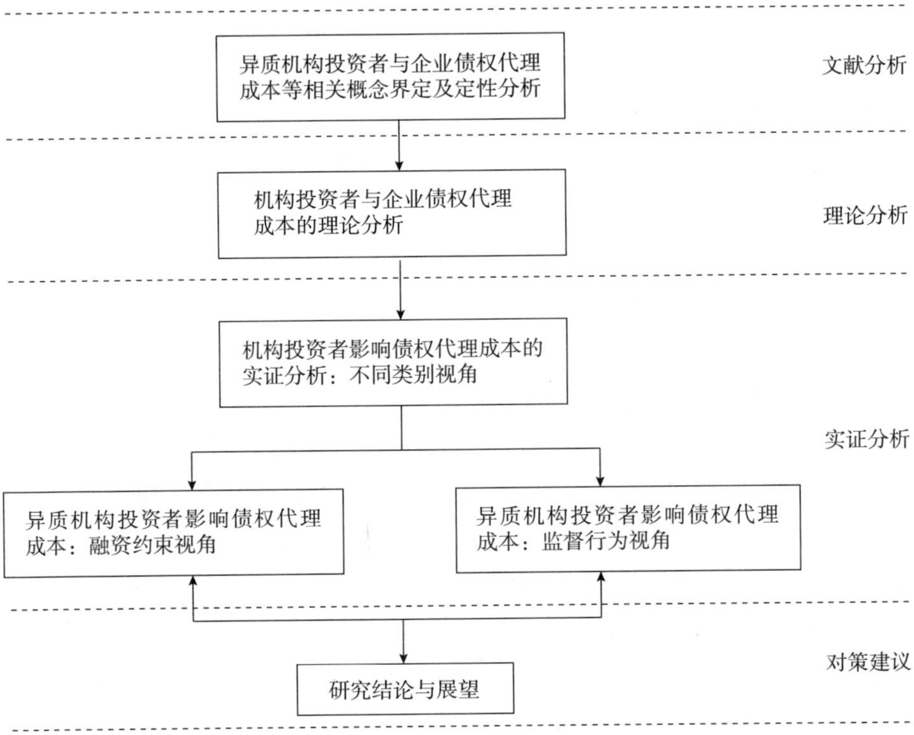

图 1-1　本书技术路线

机制，分别从融资约束、资产替代和投资不足的角度出发，检验异质机构投资者是否通过这些渠道和途径对企业债权代理成本产生影响，以加深对我国现阶段机构投资者这一治理机制的理解。

本书共七章，具体结构如下：

第一章是绪论，对本书研究背景进行描述，然后分析在这种背景下研究本书主题有何意义；介绍了我国机构投资者发展历程和相关制度背景，对机构投资者按不同标准分类，分析不同类别机构投资者在公司治理中的作用差异；最后对本书研究内容和结构安排，以及本书研究方法、可能的创新点和不足之处进行阐述。

第二章是文献综述，对本书主题的理论和国内外文献进行回顾。主要包括以下几个方面：机构投资者参与公司治理的效果；机构投资者与企业资本结构之间的关系；机构投资者与企业信息不对称和融资约束之间的关系；企业代理成本及债权代理成本的衡量；企业负债融资导致股东侵占债权人利益的行为：企业资产替代和投资不足问题。

第三章是本书的理论构建章节。首先，综合国内外文献发现，机构投资者对债权代理成本影响的主要理论依据就是公司治理理论、委托代理理论、资本结构理论、信息不对称理论和融资约束理论，因此本章重点阐述上述五大理论；其次，介绍了机构投资者参与公司治理动机和客观环境，介绍了机构投资者参与公司治理方式主要有掌握企业部分控制权、股东提案、行使投票权和征集委托投票权、公开建议和与管理层沟通等方式；最后，分析了企业债权代理成本的成因，以及就机构投资者如何通过影响公司治理，进而影响企业债权代理成本进行理论分析。

第四章是本书实证分析部分，首先明晰机构投资者如何参与公司治理进而影响企业债权代理成本；然后以我国上市公司为样本，考察异质机构投资者对我国上市公司债权代理成本的影响。主要内容有以下方面：在明确中国上市公司债权代理成本水平和各类机构投资者分类的基础上，选取控制变量，构建机构投资者和债权代理成本回归模型，从实证角度分析二者之间的关系，分析不同类别机构投资者对债权代理成本的影响差异以及产生的原因。

第五章和第六章是对第四章研究的延续，分别阐述和实证研究异质机构投资者参与公司治理后，通过影响企业哪些方面的中介机制和具体行为决策，进而影响企业债权代理成本：第一，异质机构投资者是否会改善公司治理结构，对企业融资约束产生影响，影响企业融资成本和资本结构，进而对企业债权代理成本产生影响；第二，异质机构投资者作为股东参与公司治理后，能否改善治理结构，监督和制衡大股东和管理层，防止企业管理层和大股东通过资产替代、投资不足等行为对债权人进行利益侵占，缓解双方利益冲突，从而减少企业债权代理成本。

第七章是本书总结部分，首先对本书得出的研究结论进行总结，然后基于本书得出的结论提出政策建议，并对研究成果和未来研究展望进行分析。

第四节 研究方法

本书采取定性与定量分析、实证与理论研究相结合方法进行研究。在公司治理理论、委托代理理论和资产结构理论基础上，与我国上市公司治理和机构投资者实际情况相结合，建立理论和实证分析框架，深入研究我国机构投资者与上市企业债权代理成本的关系。具体研究方法有以下几种：

1. 文献分析法

在搜寻、阅读、分析有关机构投资者参与公司治理及债权代理成本文献的基础上，从理论方面分析机构投资者与债权代理成本之间的关系；在原有文献研究的空白与不足的基础上，寻找研究起点，为研究异质机构投资者与债权代理成本之间关系提供有益借鉴。

2. 比较分析研究法

根据机构投资者与上市企业是否存在商业联系、持股时间长短和持股量大小，将机构投资者分为独立（压力抵制型）和非独立（压力敏感型）、长期和短期、集中持股和分散持股机构投资者，从理论上分析异质机构投资者参与公司治理效果差异，由此导致对债权代理成本影响的不同，并分析造成该差异的原因；从实证上构建不同质的机构投资者对企业债权代理成本影响的模型，对结果进行比较分析，找出其差别，以明确各类机构投资者在公司治理中所发挥的作用。

3. 定性分析与定量分析相结合

定性分析是确定研究对象是否具有某种性质，因而本书将采用归纳分析法、演绎分析法和结构分析法等定性分析法以确定研究对象是否具有某种性质，并将这些方法有机结合起来进行研究；定量分析主要是在收集、整理数据的基础上，将我国的机构投资者进行分类，通过计量模型实证分析不同类别的机构投资者对债权代理成本的影响方向和影响强度；进一步通过实证分析异质机构投资者影响债权代理成本的中介因素，即机构投资者是通过哪些具体机制和行为对企业债权代理成本产生影响。

第五节 研究的创新与不足之处

一、研究的创新之处

本书可能的创新之处主要有以下几点：

（1）从理论层面探讨异质机构投资者、公司治理与企业债权代理成本三者之间的关系，以企业债权代理成本成因为出发点，就机构投资者如何通过公司治理影响企业债权代理成本提出一个理论分析框架。

（2）从机构投资者异质性的角度出发，将机构投资者分为独立（压力抵制型）和非独立（压力敏感型）机构投资者、集中持股和分散持股机构投资者，考察各类机构投资者是否参与公司治理并对债权代理成本产生影响，明确不同种类的机构投资者在公司治理中的不同作用和功能。首次将融资约束、资产替代和投资不足加入到研究范畴，揭示了异质机构投资者对企业债权代理成本影响的内在作用机理。本书有助于从新的视角研究机构投资者参与公司治理的治理效果，完善机构投资者治理理论，在指导机构投资者治理实践上也有一定的作用。

（3）通过资产负债率、非流动负债率和财务费用率三个指标综合判断我国上市企业债权代理成本，统计出我国上市企业中高债权代理成本的企业。有些学者也试图从未定债权模型、破产成本模型和CAPM资产定价模型出发，采用数理推导的方式构建债权代理成本演算模型，但这些模型假设条件比较严苛，推演过程也过于复杂，因此也难以适用于实证研究中。

二、研究的不足之处

（1）相较于欧美发达国家较为完善的资本市场，我国资本市场开放较晚，而机构投资者入市时间更短，数据在2000年以前基本为空白，就机构投资者和上市企业的数据和样本量来说还不够完整，样本的研究时间也不够长。我国相关部门对于机构投资者和上市企业监管还不够完善，有些上市公司和机构投资者的信息未被披露出来，因此机构投资者参与上市公司治理并影响企业债权代理成本的行为研究还不够完善。

（2）在计算异质机构投资者相关指标方面，对于独立和非独立以及集中和分散的机构持股指标计算还有一些其他可供选择方法，但有些方法因数据的不可获得性而不适用，限于本书的篇幅，这里对每一类机构投资者采取一种方法核算。因此，后续还可以转换指标的计算，继续研究异质机构投资者对公司治理，以及对债权代理成本的影响。

（3）在研究异质机构投资者影响债权代理成本的中介因素上，本书选取了独立和非独立机构投资者这一类别为代表，后续还可以研究长期和短期、集中持股和分散持股等类别的机构投资者对债权代理成本影响的中介因素；在考察中介因素方面，本书仅讨论了融资约束、投资不足和资产替代，除此之外，机构投资者仍有许多其他途径和渠道影响公司治理和债权代理成本，如企业资本结构、债务期限结构、债权稀释等，这些也是今后研究中可以关注的方面。

第二章 文献综述

第一节 机构投资者对公司治理的影响研究综述

一、机构投资者对公司治理的影响

进入20世纪80年代以来，英美等发达国家机构投资者迅速兴起，如共同基金、保险基金、养老基金等，其持股份额从原有的20%迅速上升至80%左右。随着机构投资者发展壮大，机构投资者有能力也有动力通过各种途径参与公司治理，监督企业经营状况和参与企业决策，而英美等国家也逐渐将机构投资者制度视为重要的公司治理机制之一，认为机构投资者参与公司治理有利于缓和代理问题。

国外学术界也相应展开了机构投资者与公司治理的研究。Shleifer 和 Vishny（1986）调查了世界500强中的456家企业，发现前五大股东平均总持股比例为28.8%，并且这些大股东中机构投资者占了一半以上。随后作者证明了大股东尤其是作为大股东的机构投资者积极主义观点，通过建立模型模拟了大股东在公司收购活动中所起的作用，得出大股东会采用获得较多投票权方式对在职经理人进行监督并积极提升公司股价以从中获得收益的结论，这为机构投资者的股东积极主义提供了有力支持。Coffee（1991）则认为由于其他监督者的不完美性，政府应鼓励机构投资者积极监督公司经理人，从而缓解公司治理中的代理问题。在作者看来，最优的公司监督人应具备以下几个条件：有能力大量持股、趋向于长期持股以及与其他相关方没有利益冲突，而养老型基金和封闭型基金等这类机构投资者正好符合这些条件，因此机构投资者是可以在公司治理中发挥积极作用的。

Graves 和 Waddock（1990）认为，随着机构投资者持股比例大幅增加，其在公司治理和决策上所扮演的角色也越来越重要。但是美国的投资者大体上都具有短期投资行为，热钱追逐短期利润，而相较于个人投资者，机构投资者短期投资行为会更为严重，他们必须随时向他们的投资者展示盈利能力，因此机构投资者的持股换手率往往会更高。作者调查发现，在 1965 年，当纽约证券交易所的主体交易人还是个人投资者时，市场年平均换手率为 16%，但是在 1985 年，当机构投资者变成主要交易主体时，市场年平均换手率达到了 54%。在这种投资策略影响下，机构投资者不仅不能发挥积极的公司治理作用，甚至还会刺激被投资公司行为短期化，过于重视短期利润而忽略了企业长期发展。

除了在理论上讨论机构投资者与公司治理，更多学者从实证的角度出发，研究二者之间的关系。Brickley 等（1988）研究了大股东（持股比例 5%以上）尤其是机构投资者通过行使投票权直接影响企业反收购修正案的制定，其参与公司经营决策意愿和动机要远远高于其他小股东，尤其当修正案看上去对股东不利时，机构投资者和其他大股东会反对得非常激烈。Jarrell 和 Poulsen（1987）、Agrawal 和 Mandelker（1992）也都证明了机构投资者在企业制定反收购修正案中所起的监督作用。Michael（1996）采用了美国加州公共雇员养老基金在 1987~1993 年所投资的 51 家公司的数据，检验了机构投资者与被投资企业治理结构、股东财富和经营业绩之间的关系，发现机构投资者在持有被投资公司股票后确实会提高该公司的股票价格，但是对企业经营业绩没有显著的影响。实践证明，美国加州公共雇员养老基金在 1987~1993 年通过积极的股东主义参与被投资公司治理获得了不菲的收益，在此期间所持有股票的价值增加了 1900 万美元，而参与公司治理的成本仅为 350 万美元。Carleton 等（1998）研究了美国退休基金教师会通过私下谈判而不是投票方式参与被投资公司治理，与其达成协议的行为。基金会在 1992~1996 年所持有的 45 家公司中，有 42 家（93.3%）公司与其达成了协议，而且企业往往也会遵守协议内容，这说明一些大规模机构投资者在参与公司治理，使企业在策略上做出他们所期望调整的方面是成功的。关于参与公司治理的结果方面，作者发现在协议达成前后都会显著影响公司的股价，但是对企业的经营状况和经营利润率并没有太大影响。Ji 等（2006）采用了中国香港 433 家上市公司数据，实证研究了机构投资者对上市公司治理结构和业绩的影响。作者发现机构投资者参与公司治理会改变公司治理结构，其持股比例与企业外部董事人数成正比，与董事长兼任总经理（二职合一）和股权集中度成反比，但是对企业业绩的影响不明显。

国内也有许多学者对机构投资者和公司治理之间的关系进行了研究。宋冬林和张迹（2002）从理论上分析了机构投资者在参与公司治理方面的作用，认为机构投资者在必要时会积极介入公司治理，对公司内部构架、决策程序乃至关联交易进行关注，以促进所有者与经营者信息对称，保证治理结构中激励和约束机制均衡。王琨和肖星（2005）采用 2002 年中国 A 股上市公司数据，验证了机构投资者与中国上市公司资金被关联方占用之间的关系，发现机构持股比例的提高与被关联方占用资金的程度成反比，前十大股东中存在机构投资者的上市公司关联方占用的资金会显著少于其他公司，说明我国机构投资者已经在一定程度上参与上市公司治理。吴晓晖和姜彦福（2006）通过对 2000~2003 年的数据分析发现，机构投资者持股比例和绩效及企业价值存在显著的正相关关系。李维安和李滨（2008）采用中国沪深两市 3470 家上市公司作为研究样本，基于中国上市公司治理指数（CCGINK）研究了机构持股与公司绩效、市场价值和公司治理之间的关系。实证结果证明，机构投资者能够降低上市公司代理成本，机构持股比例与公司绩效和市场价值成正比。薄仙慧和吴联生（2009）从盈余管理的视角研究了机构投资者在国有控股和非国有控股公司中的治理效应，发现机构持股总体上有利于公司治理水平改善，但机构投资者的治理作用在国有控股公司中会受到限制。

二、异质机构投资者的划分及其对公司治理的影响

随着对机构投资者与公司治理研究进一步深入，许多学者注意到并不是

所有的机构投资者都有能力并有动力和意愿参与到公司治理中，不同类型的机构投资者在其自身特征、投资行为和投资理念等方面都存在差异，导致其参与公司治理效果也有所不同。总的来说，对异质机构投资者影响公司治理的研究主要集中在以下几个方面：

1. 长期（低换手率/稳定）机构投资者和短期（高换手率/不稳定）机构投资者

Bushee（1998）研究了机构投资者持股和企业研发支出之间的关系，检验了机构投资者是否具有由于短期盈利目标而迫使企业经理人减少研发支出的动机。作者发现当机构投资者持股比例很高时，企业的研发支出并不会被刻意缩减。作者根据机构投资者以往的换手率、投资多样性和动量交易将其分为三类，发现在机构投资者持股比例高的情况下，那些高换手率的机构投资者与企业研发支出是成反比的，但那些低换手率和采用长期投资策略的机构投资者则会监督经理人，以确保经理人能选择一个合适的研发支出水平从而长期盈利。这些研究结果说明只有长期且大量持有的机构投资者才会在公司治理中起到积极作用。Wahal 和 McConnell（2000）也发现低换手率的机构持股比例与企业的固定资产支出和研发支出成正比。Bushee（2001）进一步研究发现，如果企业的机构投资者采取短期投资策略，那么机构持股比例在短期内与公司收益和公司价值成正比，但是与企业长期收益成反比。

Elyasiani 和 Jia（2008）考察了机构投资者持股稳定性对银行控股公司（BHC）业绩的影响。作者采用了三种方式作为衡量机构投资者持股稳定的指标：一是平均持股比例与年持股比例的标准差之比 IOP，用公式表示为 $IPO=\sum_{j=1}^{J_i}[(\sum P_{i,t}^j/20)/Std(P_{i,t}^j)]/J_i$，其中 t 为样本期间 5 年共 20 个季度数，$p_{i,t}^j$ 为机构投资者 j 在第 t 个季度对 BHC 公司持股的比例，$Std(P_{i,t}^j)$ 为 $P_{i,t}^j$ 在 20 个季度的标准差，J_i 为投资于 BHC 公司的机构投资者数量，IOP 越大代表机构投资者持股越稳定；二是非零持股季度数，即机构投资者对 BHC 公司在 20 个季度中持股比例大于零的季度数，该指标越大表示持股越稳定；三是持股稳定季度数，即机构投资者对 BHC 公司持股保持同一水平或增加持股的季度数，该指标越大表示持股越稳定。作者将代表持股稳定性的三个变量和代表公司经营业绩的指标 ROA 进行回归，发现机构投资者持股越稳定，BHC 的业绩越好，说明稳定的机构投资者会对企业进行有效的监督。

Yan 和 Zhang（2009）根据机构投资者在过去四个季度的平均换手率情况将其划分为长期投资者和短期投资者，换手率越大，表明机构倾向于短期投资；而换手率越小，表明机构倾向于长期投资，作者发现短期机构投资者持股比例与企业未来股价成正比，并且该正比关系是由于短期的机构投资者具有信息优势。Najah 等（2012）进一步计算了企业的加权平均机构持股换手率（IIIH），并验证了 IIIH 与投资—现金流敏感度之间的关系。作者发现企业的加权平均机构持股换手率越低，即企业被机构投资者越长期持有，企业的投资—现金流敏感度就越低。Najah 等（2013）还发现，企业的加权平均机构持股换手率与企业权益资本成本成正比，说明长期机构投资者可以有效监督其所持股的企业。

2. 集中（大量）持股机构投资者和分散（非大量）机构投资者

Hartzell 和 Starks（2003）考察了机构投资者持股集中度和企业经理人薪酬之间的关系。作者采用了前五大机构投资者持股总额比例和赫芬达尔机构持股集中指数作为持股集中度的指标，将薪水、津贴、期权和股票、长期激励薪酬和其他补贴总和作为总薪酬支付水平，将现金薪酬变化程度和总薪酬的变化程度作为绩效工资的敏感度，分别将总薪酬和绩效工资敏感度对机构持股集中度进行回归。回归结果表明，机构持股集中度与公司经理人总薪酬成反比，与绩效薪酬敏感度成正比，说明机构投资者参与公司治理能够帮助规范管理层的薪酬制度，优化薪酬结构，通过发挥监督作用缓解了股东和经理人之间的代理问题。Almazan 等（2005）进一步研究发现，当机构投资者监督企业管理层和参与公司治理的成本较低时，其对高管人员的总体薪酬水平和绩效薪酬敏感度的影响会更加明显；但当机构投资者监督成本较高时，其对高管人员薪酬的影响力会减弱。Burns 等（2010）从企业财务报表失真的角度研究不同持股集中的机构投资者在企业中所起的监督作用。作者发现，机构总持股比例与企业财务报表信息失真程度成正比，这主要归因于那些不稳定且频繁交易的机构投资者不能在公司治理中发挥监督作用，但是当这类机构投资者持股集中度增加时，二者的正比关系会被削弱，说明机构持股集中度越高，其参与公司治理的意愿越强烈，企业财务报表信息失真的情况也会有所好转。

Chen 等（2008）采用了新西兰非金融企业的数据，研究机构投资者和企业业绩之间的关系。作者分别计算了机构持股总比例和前五大机构持股比例总和，用托宾 Q 和股本回报率代表企业经营绩效，发现机构持股总比例与企业托宾 Q 和股本回报率成正比，即机构持股总比例的增加会提高企业业绩，前五大机构持股比例与企业经营绩效成反比。这说明机构投资者总体上参与公司治理会提高企业价值，但是当机构持股比例过于集中时，他们往往会只考虑自身利益而不能发挥监督功能，从而导致新型代理问题的产生和减少企业价值。

3. 压力敏感型（非独立）机构投资者和压力不敏感型（独立）机构投资者

Cornett 等（2007）根据机构投资者是否与企业有商业联系将其划分为压力敏感型（非独立）和压力不敏感型（独立），并验证了这两类机构投资者与企业经营绩效之间的关系。作者认为，压力敏感型的机构投资者如银行、保险公司等与企业存在或者有潜在业务往来，他们往往迫于维持这种关系压力而不对管理层决策产生任何质疑；相反，压力不敏感型机构投资者如投资公司不会有来自企业压力，因此他们更适合监督公司高管和规范高管行为。实证结果表明，压力不敏感型机构投资者与企业经营绩效有着显著的正相关关系，压力敏感型机构投资者与企业经营绩效无关，说明只有独立的机构投资者才会参与公司治理，较好地发挥监督作用。Li 等（2007）在 CDA/Spectrum 将机构投资者分为五大类的基础上，将第一类（银行）、第二类（保险公司）和第五类中的大学捐赠基金、私人养老基金划分为非独立的机构投资者，将第三类（投资公司）、第四类（独立的投资顾问）和第五类中的公共养老基金划分为独立的机构投资者，然后根据企业前五大机构投资者是否是独立的且持股一年以上，将其分为独立长期机构投资者和非独立长期机构投资者。作者通过实证发现，只有独立且长期持股的机构投资者才会发挥监督作用，其他机构投资者则不会。Bhattacharya 和 Graham（2009）根据机构投资者与企业是否有商业联系，将芬兰 98 家企业划分为压力敏感型和压力抵抗型，计算企业的机构持股集中度（对第一大机构持股比例和第二大机构持股比例差以及第二大机构持股比例和第三大机构持股比例差的平方和取对数）和分散度（对前三大机构持股比例的平方和取对数）。作者发现，企业机构持股集中度越高，分散度越低，企业的业绩越差，而反过来较高的企业绩效往往会要求降低机构持股的集中度，并且这种现象在压力敏感型企业更为明显。

国内也有不少学者从机构投资者异质性的角度出发，研究不同类型机构投资者对公司治理的影响。范海峰等（2009）研究了机构投资者中的社保基金和证券投资基金，发现社保基金持股由于受政治和社会压力影响，其目标与上市公司往往会发生冲突，对上市公司市场价值有负面影响；而证券投资基金激励机制与企业价值高度相关，证券投资基金会主动对上市公司进行监督，并且其持股规模与企业市场价值成正比。伊志宏等（2010）采用中国2004~2006年A股上市公司数据，将机构投资者划分为压力敏感型和压力抵制型，发现压力抵制型机构投资者增强了企业高管薪酬绩效敏感性，但压力敏感型机构投资者则与高管薪酬绩效敏感性不存在显著相关性。杨海燕和孙健（2011）研究了异质机构投资者对代理成本的影响，发现独立和长期机构持股比例越高，机构持股越集中，公司的管理层代理成本和控股股东代理成本就越低。张弛（2013）选取2004~2010年A股上市企业数据进行分析，从高管薪酬的角度出发，发现当上市企业前十大股东中有机构投资者时，该企业治理机制更加完善，机构投资者能够从一定程度上监督并遏制高管滥用权利行为，企业高管薪酬与其才能之间相关性更显著，代理成本也越低。徐寿福和李志军（2013）从上市公司现金股利的视角研究了独立和非独立机构投资者的公司治理功能，发现只有独立机构投资者有助于促进上市公司现金股利分配。蒋艳辉等（2014）将证券投资基金按换手率特征划分为长期和短期机构投资者，发现长期机构投资者与企业研发支出显著正相关，而短期机构投资者与企业研发支出显著负相关。

三、机构投资者与企业资本结构

债权代理成本是由于企业负债产生的，因此资产负债结构及债务期限直接对企业债权代理成本产生影响。机构投资者参与公司治理，可能会导致企业的融资决策和融资偏好发生改变，也可能发挥治理作用，监督企业股东和管理层，从而减少股东和债权人之间信息不对称程度，减少企业融资难度，从而最终影响企业债权代理成本。国内外也有一些学者研究了机构投资者与企业资本结构之间的关系。Grier 和 Zychowics（1994）发现，机构投资者对企业持股比例与该企业负债成反比，这种关系在机构高度集中持股时非常显著。Firth（1995）也进行了实证研究，但是得出了相反的结论，认为机构投资者会影响管理层在资本结构方面的决策，大量持股的机构投资者更偏向于较高水平的负债。Roberts 和 Yuan（2010）研究发现，从债务融资成本的角度看，有机构持股企业的债务融资成本比没有机构持股的企业低，这是由于机构投资者在公司治理中发挥了积极的作用，但由于债权代理成本的存在，机构持股集中度与企业债务融资成本成正比。

国内也有学者对此做了一些研究，得出的结论也不统一。翁红波和吴世农（2007）采用我国证券市场 2001~2004 年的数据，实证研究我国机构持股参与上市公司治理的过程，研究结果证明机构投资者发挥了治理作用，机构持股比例与企业资产负债率成反比关系。这可能是因为机构投资者日益发展壮大，对企业持股规模也逐渐增加，加上机构投资者股东意识崛起并参与公司治理，此时机构投资者对企业治理作用在一定程度上可以代替负债监督功能，因此机构投资者会促使企业减少负债融资。高雷和张杰（2008）采取沪深两市 2003~2005 年上市企业数据，研究了机构投资、公司治理与盈余管理三者之间关系，他们发现机构投资者持股比例增加有利于提高公司治理水平，机构投资者在一定程度上能够对公司管理层进行监督，有效抑制管理层的盈余管理行为，在实证回归中选取了资产负债率作为控制变量，也得出了机构持股比例与企业资产负债率呈负相关关系的结论。罗栋梁（2010）采用了中国内地 2000~2005 年所有上证和深证上市公司的数据，得出机构投资者持股比例与企业资产负债率呈正相关关系的结论。姚远（2010）考察了机构投资者与上市公司资本结构之间的关系，也得出了同样的结论。由此可见，机构投资者是增加还是减少企业负债融资，及其对企业资本结构的影响方向，国内外对此仍然是有争议的。

我国还有些学者在机构投资者对企业资本结构影响的基础上进一步深入

探讨，研究了机构持股与企业债务期限结构之间的关系。石颖（2011）选取2007~2009年沪深两市A股公司数据进行实证分析，发现机构投资者持股比例与企业的流动负债成反比，也就是随着机构持股比例的增加，企业会减少通过短期负债来融资的行为。陈佳等（2014）将机构投资者分为压力抵制型和压力敏感型，研究了异质机构投资者对企业债务融资的影响，他们认为压力抵制型机构投资者持股能够影响企业融资结构，降低企业对短期债务需求，增加企业通过长期负债进行融资的能力。顾银宽和张春想（2014）根据我国企业所有权性质，将上市公司分为国有控股和非国有控股公司两类，发现机构投资者持股水平仅对非国有控股公司债务融资产生影响，在非国有控股企业中，机构持股比例与企业的短期借款成反比，说明机构投资者仅在非国有企业中发挥治理作用。

四、机构投资者与信息不对称

一方面，机构投资者具有专业信息搜集和分析能力，相较于一般的投资者而言，具有较强的信息优势；另一方面，机构投资者是上市企业的股东，需要通过获取企业信息来决定自身交易策略。为达到搜集信息目的，机构投资者可能会积极参与公司治理，督促上市企业尽可能对外公开信息，也可能通过市场交易行为将获得的私有信息传递出去，因此机构投资者具备一定信息传播功能，从而缓解企业信息不对称问题。有些学者研究了机构投资者与信息不对称、会计信息披露质量和透明度之间的关系，发现机构投资者能够影响企业会计信息披露和信息不对称程度。Shleifer 和 Visliny（1997）发现机构投资者通过投票权，要求企业执行信息披露义务；Peng 和 Xiong（2006）研究发现，机构参与上市公司治理会对企业管理层进行监督，督促企业对外披露相关信息，机构持股比例与企业信息披露质量成正比；王铁林（2010）认为，机构投资者可以通过联合行动，提高在企业中的地位，掌握更多话语权，参与公司治理并提高企业会计信息披露质量；杨海燕等（2012）以2006~2009年中国A股上市公司数据为样本，检验了异质机构投资者对企业会计信息披露的影响，也得出了机构投资者持股比例与企业信息披露透明度成正比的结论，但不同类型机构投资者对企业会计信息的影响渠道和程度都存在差异；李祎等（2016）从信息治理的角度出发，研究机构投资者和财务分析师在新会计准则实施前后对资本成本的影响，发现机构投资者具有信息治理功能，可以降低企业信息风险；谭劲松和林雨晨（2016）从机构投资者调研行为出发，构建理论推导模型，证明了机构投资者可以通过调研这一行为参与国内公司治理，并对企业信息披露质量产生影响。

还有些学者从资本市场交易的角度出发，研究机构投资者在获取企业相关信息后，是否能够反馈到其后的交易行为中，是否降低了企业信息不对称程度。Sias 等（2006）、Yang 和 Zhang（2009）认为，机构投资者有渠道获得一般投资者所没有的信息，并且会在其后的交易行为中将信息反映到股价上，从而加快企业信息传播，同时也降低了企业与其他投资者之间的信息不对称程度；王俊飙等（2012）从新股增发折价的角度出发，证明了机构投资者持股行为可以减少信息处理成本，降低企业信息不对称程度，从而降低新股增发折价率，使股票定价更为合理；程昕等（2018）以中国 2006~2018 年 A 股上市企业机构投资者为研究对象，实证检验了机构投资者与企业信息透明度之间的关系，发现机构投资者提高了公司信息透明度，减少股价波动，其交易行为有利于维护资本市场稳定。通过对上述学者的研究总结可以发现，机构投资者参与公司治理后对企业会计信息披露产生影响，而会计信息披露得越详细、越透明、越及时，越有利于减少企业与外部信息不对称问题。

机构投资者在降低企业信息不对称程度的同时，还会对企业融资约束产生影响。融资约束是由于作为资金需求方的企业与资金供给方的借款人之间信息不对称而产生的，直接影响了企业外部融资的难易程度，受到的融资约束越严重，企业越难以获得外部融资，融资成本也越高，企业债权代理成本也就越高，机构投资者可以通过作用于企业融资约束来影响企业债权代理成本。有些学者研究了机构持股、信息不对称与企业融资约束的关系。张纯和吕伟（2007）选取了 2004~2006 年中国 A 股市场上市公司，对比研究了国有企业和民营企业的融资约束，发现机构投资者持股能显著降低民营企业信息不对称程度，缓解代理问题，降低民营企业所面临的融资约束，减少企业对内部资金依赖，但并不能在国有企业中发挥作用；黄铮（2015）以现金—现金流敏感度衡量企业融资约束程度，实证检验了机构投资者与企业融资约束之间的关系，发现机构投资者能够参与公司治理，降低企业信息不对称程度和代理成本，并且减轻企业融资约束。总的来说，机构投资者参与公司治理后对企业管理层和各项生产经营决策进行监督，督促企业对外披露会计信息，减轻企业信息不对称程度，改善企业融资约束，从而间接影响企业债权代理成本。

第二节　代理成本理论和债权代理成本计量

一、代理成本理论

Berle 和 Means（1932）在《现代公司与私有财产》一书中提出了两权分离理论，发现现代公司已经发生了所有权与控制权分离，现代大型企业管理权将从资产所有者转到具有管理技术的人手里，而所有者（委托人）和管理者（代理人）经济利益不完全一致，承担的风险大小不对等以及信息不对称，导致二者常常产生冲突。Alchian 和 Demsez（1972）提出企业的实质是团队生产，如果通过团队生产所获得的产出大于各队员分别生产的产出，加上组织和约束团队成员的成本，就会使用团队进行生产（即产生企业），但团队队员的边际产出并不能直接被衡量，只能按整个团队的平均产出来衡量个人的产出，此时个人机会主义倾向便会诱发队员的偷懒行为（道德风险）和相应的监督费用出现，该监督费用可以看成是代理成本的一种。

1976 年，Jensen 和 Meckling 在论文《企业理论：管理行为、代理成本和所有权结构》中正式提出了企业代理成本的概念，将其定义为委托人的监督支出，并将代理成本分为股权代理成本和债权代理成本，其中股东和经营者之间的冲突产生股权代理成本，股东与债权人之间的冲突产生债权代理成本。作者认为，当企业经营者利用权限谋求自身利益而给股东造成损失时，增加企业负债融资就成为解决问题的一种方式，因为负债限制管理者用于谋取自身利益的自由现金，督促管理者努力工作，对管理层行为产生诸多方面约束，但负债又会带来投资不足、资产替代等问题，从而产生债权代理成本，二者的权衡决定了最优资本结构，即当股权代理成本和债权代理成本之和最低时的资本结构是最优的。Myers（1977）发现企业举借有风险的债务会导致企业次优而不是最优投资策略，该行为会减少企业市场价值，而非最优投资项目带来的损失是由股东和债权人共同承担的，这是风险债务所带来的代理成本。Jensen（1986）在研究自由现金流代理成本时强调了负债在降低代理成本方面的作用，这是由于企业负债需要按期还本付息，从而减少公司经理人用于在职消费或者投资于低回报率项目的自由现金流。

我国学者也对委托代理理论进行了理论上的探讨。冯福根（2004）认为，西方传统委托代埋理论是根据英美等国股权高度分散的实际情况所提出的分析框架，但我国上市公司股权相对集中或高度集中，因此传统的委托代理理论并不适用于中国国情，我国上市公司治理不仅要解决全体股东与经营者之间的矛盾，而且还要考虑到大股东和中小股东之间的利益冲突。在此基础上，作者提出了双重委托代理理论，即控股股东（或大股东）与经营者之间的委托代理问题和中小股东与其代理人之间的委托代理问题。郑志刚（2004）也将代理成本分为第一类代理成本（经理人与投资者利益冲突所产生的代理成本）和第二类代理成本（投资者之间利益冲突所产生的代理成本），并在企业家道德风险模型下讨论了降低第二类代理成本的途径和机制，重点强调了内部和外部控制机制整合在降低代理成本和公司治理中的重要作用。

二、代理成本计量

Leland（1998）通过将MM（Modigliani和Miller）模型和JM模型（Jensen和Meckling）结合，建立了一个统一模型对代理成本进行计量。作者思路是：当负债已经发生而经理人所作出的投资决策又是基于股东效益最大化，这时股东和债权人就会发生利益冲突进而产生代理成本（JM模型），但最初的资本结构（负债）可以有税盾优势从而减少代理成本（MM模型），这样，在选定的最优资本结构和风险下，可以计算出代理成本。

Ang等（2000）在研究股权结构对代理成本的影响时，采用了两种计量方法间接衡量代理成本，一是营业费用率，即营业费用与销售收入之比，该指标可以反映出高管人员在有效运营之外的消费支出；二是资产周转率效率损失，即按销售收入和平均资产总额之比计算资产周转率，即企业的效率比率，有代理成本的企业资产周转率与零代理成本企业资产周转率之间的差额即为代理成本，该指标可以反映出公司投资有效性和资产周转管理水平。Henrik 和 Mattias（2003）采用了 1991~1997 年瑞典的 309 家上市公司数据，发现控股股东所产生的代理成本占到了企业价值（托宾 Q）的 6%~25%。McKnight 和 Weir（2009）在实证研究公司治理和所有权结构对代理成本的影响时，采用了托宾 Q 与自由现金流之积和企业每年并购案件数量来衡量代理成本。

国内学者平新乔等（2003）采用 Broyden-Fletcher-Goldfarb- Shanno 的最大似然估计模拟程序，对 2002 年中国国有企业代理成本做出了估计。结果发现，在现有国有企业体制下，国有企业代理成本相当于 60%~70%的利润潜力，代理成本使企业效率只达到了 30%~40%。李寿喜（2007）采用销售收入管理费用率和资产周转率作为企业代理成本的替代变量，作者认为管理费用除以销售收入可以消除企业规模的影响，而资产周转率反映出经理人运用股东资产创造收入的能力，实际上代表了企业的代理效率。高雷和高田（2010）采用经营费用率和市净率衡量代理成本，实证分析了公司治理结构与代理成本的关系。作者认为经营费用率可以反映经理人对包括在职消费和闲暇享受支出的经营费用的控制效率；市净率是企业市场价值与净资产之比，该指标越高表明股东目标实现越好，代理成本越小。

三、债权代理成本衡量

Mello 和 Parsons（1992）采用一种未定债权模型刻画资本结构的激励效果，公司价值内生地由随机产品市场和经理人对企业经营和投资决策决定，公司经理人以股东价值最大化为目标，通过传统的未定债权模型可以计算出公司价值、企业负债以及债权代理成本。作者随后还通过模型具体计算了企业负债在不同公司产品价格和不同经营决策（经营还是关闭）下的债权代理成本，如当产品价格为 0.8 英镑每件，产量为 1000 万件，成本为 0.5 英镑每件时，那么企业发行的 15 年到期的每年需支付 40 万英镑，市场价值为 509

万英镑债券的债权代理成本为 22 万英镑。Bae 等（1994）采用累积收益率来衡量债权代理成本，即留存收益与总资产之比，该指标被广泛应用于衡量企业的破产风险，该指标越低表示破产风险越大。因此，作者认为低累积收益率公司具有高债权代理成本，并且企业价值减少。Bryan 等（2006）在实证研究代理成本和 1990 年高管人员薪酬之间的关系中，将债权代理成本分为三类：投资不足产生的代理成本、资产替代产生的代理成本和财务困境产生的代理成本，用三个公式分别刻画了这三类代理成本，其中投资不足代理成本的计算公式是[（总资产-股权的账面价值+股权的市场价值）/总资产]×（短期负债/总负债）；资产替代代理成本的计算公式是[（总资产-股权的账面价值+股权的市场价值）/总资产]×（可转换债券/总负债）；财务困境代理成本采用阿特曼 5 变量 Z-score 破产指数模型。Tsuji（2012）通过扩展破产成本模型来计量债权代理成本。作者假设从 CAPM 资产定价模型出发，假设资本市场是完全有效的，投资者在完全了解经理人行为（股东价值最大化）情况下对企业证券进行定价，经理人可以决定最优资本结构（即企业负债水平），通过扩展的破产成本模型求解出有负债企业的期末价值和没有负债企业的期末价值，二者之间的差额即可以看成是企业由于负债而造成的代理成本，同时可以计算出企业的最佳资本结构。最后，作者还将模型应用于东京股票交易所 500 多家企业，发现模型与现实企业相匹配。

国内学者吕长江和张艳秋（2002）通过建立模型具体分析了企业财务状况对负债代理成本的影响机制。作者认为，负债代理成本表现形式通常有风险转换、风险规避和过量股利支付。模型表明，当企业负债水平较低和综合财务状况较好时，基本不发生负债代理成本；当企业负债水平较高和财务状况较差时，企业对风险项目投资倾向会增加，而且很有可能会通过过量股利支付方式将企业价值转移给股东，侵犯债权人利益从而产生负债的代理成本。随后作者采用深沪两市 1996~2000 年 A 股 509 家上市公司数据，用企业经营风险作为代理成本变量，对企业财务状况和负债代理成本进行了实证研究，实证结果与理论是一致的。王志芳和油晓峰（2009）采用利息支出率来衡量上市公司债务代理成本，研究了上市公司债务代理成本的影响因素。作者认为，债权人往往会在贷款前建立高标准条款，如利率要求、进行评估及要求担保等，这些都可以看成是因股东与债权人之间的冲突所发生的代理成本。我国上市公司债务融资来源主要是银行贷款，银行利率定价在一定程度上可以反映出上市公司的债务代理成本。

第三节 资产替代、投资不足相关文献研究

Smith 和 Warner（1979）在论文《论财务契约：债权契约分析》中提出当公司使用负债融资时，会导致股东和债权人之间利益冲突，引发负债代理问题，从而产生债权代理成本。二者之间冲突是由股东和管理层通过某些行为侵害债权人利益引起的，表现在资产替代、投资不足、债权稀释和股利发放四个方面，其中最主要是资产替代和投资不足两个方面。

一、资产替代

Jensen 和 Meckling（1976）首次提出了资产替代问题，由于股东只承担有限责任，当公司投资项目产生收益时，大部分收益由股东享有；当公司投资项目失败时，债权人则承担了该项目所造成的损失。也就是说，股东能通过高风险项目获得收益，但这是以损失债权人利益为代价的。公司将贷款资金投资于一个风险较高项目，使得贷款实际风险增大，从而降低了负债的价值，而理性的债权人能够预测到这一行为，在贷款时往往要求较高回报，从而产生了代理成本。Gavish 和 Kalay（1983）通过在一个风险中立经济体建立的理论模型来研究负债所引起的资产替代问题。作者通过模型证明，股东因风险增加所得到的收益与企业的负债率并不是单调递增的关系，在给定的投资机会下，企业这部分债权代理成本并不会随着企业负债单调递增，在此情况下，股东有动机增加投资风险以获得最大收益。Bagnani 等（1994）采用美国上市公司数据，实证研究了公司高管持股比例与资产替代行为的关系。作者发现，当经理人持股比例较低时，其持股比例增加使得高管和股东利益趋于一致，高管资产替代的动机加强；但当管理者持股比例持续增加到一定程度时，管理者偏向于降低其所持有财富（公司股份）的风险，此时资产替代的动机减弱。Johnson（1998）则认为，负债中的银行贷款可以减少企

业资产替代行为，因为银行比其他的借贷者更有效率，可以减轻企业和债权人之间信息不对称程度，从而减少债权代理成本。Vanden（2009）利用两个持续时间模型——两风险回报选择模型和规模报酬模型验证了结构融资可以减少企业资产替代行为的观点。

国内学者江伟和沈艺峰（2005）考察了中国上市公司大股东利用资产替代侵害债权人利益的行为。作者采用投资风险性，即公司年末经营性现金流量和主营业务收入的变异系数来衡量大股东的资产替代行为，发现大股东持股比例与其资产替代行为成倒“N”型的非线性关系，公司投资机会的增加会影响大股东资产替代行为。龚凯颂和朱诗敏（2008）进一步探索了上市公司财务困境和企业资产替代行为之间的关系。作者采用2002~2006年沪深两市A股上市公司数据，以证交所对公司ST处理表示公司陷入财务困境，研究企业在ST前后的投资行为。实证结果发现，处于财务困境的上市公司资产替代行为比非财务困境上市公司严重，而且在陷入财务困境后，企业财务状况越差，资产替代行为越严重。陶晓慧（2009）以过度投资作为资产替代行为的替代变量，实证研究了债务期限结构和资产替代行为之间的关系。作者发现，中国上市公司债务期限结构与过度投资者程度显著正相关，短期债务有利于抑制过度投资，减少资产替代行为进而保护债权人利益。

二、投资不足

Myers（1977）首次提出了投资不足问题，由于股东只能在债权人索取后再去分配剩余的投资收益，当企业有较高比例负债时，股东采纳新投资项目会以牺牲自身利益为代价补偿债权人，因此股东缺乏积极性对新项目尤其是净现值为正的项目进行投资，从而损害债权人利益进而降低企业价值。John和Nachman（1985）建立一个两期重复博弈模型，证明企业出于维持良好声誉（企业需要不断在市场上融资）的需求，会减少投资不足行为，另外，在未来有较好投资机会的企业也会减少当期的投资不足行为。Garven和MacMinn（1993）建立了模型，从理论上证明了有保险合约的债券有利于减少企业投资不足行为。Crabbe和Helwege（1994）从实证的角度出发，采用美国1987~1991年工业类企业数据，验证了可赎回债券可以减轻信息不对称程度，从而减少企业资产替代和投资不足行为，进而缓解代理问题的观点。Pawlina（2010）通过模型和实证检验了资本结构、投资不足和债务重新协议之间的关系，作者发现当企业陷入财务困境时，债权人如果有就借贷条件重新协商的权利，并且债权人行使该权利，那么该企业的投资不足情况会更严重。Pour 和 Khansalar（2015）采用了 24 个 OECD 国家的企业在 1990~2011 年的数据，研究了企业财务杠杆和债务期限与企业投资不足行为的关系。研究结果显示，那些具有高借债能力的企业往往会选择较高的财务杠杆率，并且通过增加短期负债来解决投资不足问题；当企业财务杠杆率较低时，它们往往会通过长期负债来解决投资不足问题。

国内学者童盼和陆正飞（2005）采用资本存量比例来衡量投资规模（投资不足或过度投资），以中国上市公司为研究对象，考察了负债融资及负债来源对企业投资行为的影响。作者发现，负债比例与企业投资规模负相关，即负债比例越高，企业投资不足行为越严重；不同来源的负债在公司治理中所起作用不同，对企业投资规模的影响程度也不尽相同。王治和周宏琦（2007）利用中国 1998~2004 年上市公司财务数据，实证研究了企业资产负债、债务期限结构和债务来源结构与企业投资行为的关系。研究结果表明，企业资产负债率与投资不足行为成正比；短期负债并没有减轻中国上市公司投资不足问题；相较于银行借款，商业信用使企业投资不足问题更为严重。近年来，国内也有学者将机构投资者与企业投资行为联系起来，分析机构投资者参与公司治理是否会影响企业投资行为。张文霞（2014）将机构投资者分为压力敏感型和压力抵制型，考察了这两类机构投资者对企业过度投资和投资不足的影响。实证结果表明，压力抵制型机构投资者持股比例与企业投资不足行为负相关，与过度投资行为负相关，说明压力抵制型机构投资者能够有效地参与公司治理，抑制企业投资不足行为；压力敏感型机构投资者与企业过度投资行为正相关，说明压力敏感型机构投资者可能会与公司股东合谋损害债权人利益。李争光等（2015）从机构投资者异质性视角研究了会计稳健性对投资效率的影响。作者将机构投资者按照时间和行业两个维度将其分为稳定型和交易型，认为稳定型机构投资者才会参与公司治理，对企业会计稳健性有所要求。通过实证检验发现，会计稳健性水平与投资不足显著正相关，稳定型机构投资者缓解了会计稳健性与投资不足之间的正相关关系。

第四节 研究评述

从以上文献回顾可以看出，从20世纪七八十年代起，随着机构投资者的规模快速增加和势力壮大，机构投资者的治理作用也引起了许多学者的关注。许多学者都深入研究了机构投资者在公司治理中发挥的作用，试图从不同角度来解读机构投资者在企业中所扮演的角色。以往的研究主要集中在机构投资者对企业治理结构、财务政策、高管薪酬、盈余管理、信息披露质量、公司业绩和投资者保护等方面的影响，从理论和实证的角度证实机构投资者的治理效用；还有一些学者对机构投资者进行了分类，认为不同类型的机构投资者在公司治理中所发挥的作用是有差异的。这些视角都是非常重要且有研究价值的，为机构投资者参与公司治理这一学术观点提供了有力的支持，也间接揭示了大力发展机构投资者这一政策在世界范围流行的原因。

通过对以往文献的梳理和对比可以发现，无论是从理论层面还是实证层面看，对于机构投资者参与公司治理的效果，国内外学者并没有达成共识。有些学者认为机构投资者具有治理作用，有些则认为机构投资者不参与公司治理，这可能是因为各国经济、社会、政治和法律环境存在巨大差异，而机构投资者作为一种治理机制是否有效会受到一个国家各方面因素的影响，因此机构投资者的治理作用在不同环境下也会存在差异。另外有的学者采用同样的方法进行实证研究的结论存在较大差异，可能是因为机构投资者在这几十年发展迅速，研究的样本区间、指标测量方法和实证模型选取等存在差异。

除了机构投资者对上述公司治理领域的研究，国内外还有些学者研究了机构投资者对企业代理成本的影响。由于代理成本难以衡量，在涉及需要实证研究代理成本问题时，国内外学者往往是采用一个或几个简单的替代变量表示代理成本，有一定的合理性，但是这些变量并不能完全代表代理成本，同一研究采用不同的替代变量很可能会导致实证结论存在差异；还有些学者采用建模的方式模拟出企业的代理成本，但这些方法往往都比较复杂，且在建模时会设置一些限制条件，因此也不能在所有研究中推广使用。目前也有一些学者将企业代理成本区分为股权代理成本和债权代理成本，但研究多集中于机构投资者对股权代理成本的影响，对债权代理成本的研究尚处于起步阶段，内容尚不完善，异质机构投资者参与公司治理从而对债权代理成本产生影响方面的研究则基本为空白。

第三章 机构投资者、公司治理与企业债权代理成本：理论与机制

第一节 理论基础概述

一、委托代理理论

委托代理理论是现代企业理论的重要组成部分，是制度经济学契约理论最重要发展方向之一。该理论是建立在非对称信息博弈论基础上的，委托代理这一词语最早由 Rose（1973）提出，主要研究在信息不对称和利益冲突的情况下，如何设计有效的制度安排来解决契约双方代理问题。随着社会生产力发展到一定水平，分工进一步细化，企业形成了所有者和经营者两个角色共存的局面，这两者就成为了契约双方。一方面，作为企业的所有者不需要亲自参与企业生产经营，但是他们对企业要求利润最大化以尽可能多地赚取收益；另一方面，作为企业日常经营管理者，又不一定对企业拥有所有权，他们追求的是自身利益最大化，此时经营者和所有者的目标不一致，随即产生冲突。由此可见，委托代理关系产生的根本原因来自于不同当事方对自身利益最大化诉求的冲突。委托代理关系的产生，是社会进步的必然结果，使企业组织形式由原来的小规模家族式发展成现代大规模公司制，提高了企业经营效率，降低了企业运行成本，但随之而来的，是严重的代理问题。当企业经营者（代理人）经营企业时，对企业生产经营状况、企业内部组织管理

情况、外部经营环境是否发生变化等方面的信息都能充分了解，对自己的工作能力及努力程度也心知肚明，而这些信息都是所有者（委托人）所不具备的，也就是契约双方存在信息不对称。在此情况下，经营者出于自身利益考虑，有可能利用自己所掌握的信息，采取一些损害所有者利益的做法来满足自己利益最大化需求；所有者（委托人）在意识到利益可能会受损害的情况下，又希望设计一个完美契约来约束代理人，实现双方同时达到利益最大化的目的。这样完美的契约是很难设置的，代理人和委托人最终利益目的不一致，信息不对称，责任义务也不对等，因此要使得双方都达到利益最大化的目的是难以实现的。

在此背景下，许多学者都试图对委托代理关系进行阐述，将其运用到企业生产经营中，并就如何解决委托代理问题提出了自己的观点。Jensen 和 Meckling（1976）提出了“代理成本”这一名词，指出代理成本是由委托代理关系导致的，当代理人与委托人发生冲突时，二者冲突所产生的损失即为代理成本。为尽可能降低代理成本，提高经营效率，企业需要建立一套尽可能完备的治理机制，这就包含了对代理人约束和激励方案的设计，建立包括董事会、监事会和股东大会在内的治理机制，设立内部控制和审计员等监督机制。随着经济的进一步发展和代理理论在实践中的应用，许多学者发现，委托代理关系不仅存在于企业的所有者和经营者之间，而且广泛存在于企业的方方面面，如中小股东和控股股东、股东与债权人、股东大会和董事会、董事会和经营者等，这些企业的利益相关者，因对利益的诉求不同，互相之间都存在代理关系。因此，企业需要解决的就不仅仅是所有者和经营者之间的矛盾了，而是企业各方面利益相关者之间错综复杂的关系，而代理成本也不仅仅是股东和经理人之间产生的股权代理成本，还有股东和债权人之间产生的债权代理成本，这时便出现了公司治理这一专有学科。可以说，公司治理就是为解决各种代理问题而对企业各种规则、程序、政策、关系等各方面进行制度安排，以合理分配企业各个利益相关者之间的权利和义务，最终使各方协同有序合作，维护企业日常运作以及保障各方当事人利益。

二、公司治理理论

公司治理是在委托代理关系的框架下进行研究的，如何解决代理问题也是公司治理所面临的核心问题。公司治理的概念最初产生于英国，该词由Berle和Means（1937）在著作《现代公司与私有财产》中提出。此后随着公司制企业的迅速发展，公司治理理念迅速被欧美其他发达国家所接受，许多学者开始研究公司治理。对于公司治理的内涵和概念，学者们也提出了自己的看法和见解，有些学者认为公司治理就是要全面维护所有者（委托人）的利益，采用一定手段使经理人全心全意经营企业，将资金投资给好的项目以赚取利润，而后把收益作为红利返还给所有者（Shleifer and Vishny，1997；Tirole，2001）；有些学者认为公司治理是股东、经理层和董事会之间的关系权衡，合理的公司治理可以通过制度安排对这三者进行监督和制衡（Gilson and Roe，1999；吴敬琏，1996）；还有些学者认为公司治理是一种组织安排，是对企业各种权利和义务关系的分配，公司治理的目的就是解决各方利益冲突问题（Cochran and Wood，1984）。

由上述定义可见，公司治理是多层次多维度的概念，既可以包含企业内部权利义务制度安排（主要是对董事会和经理等这些企业经营管理人员的选聘、监督和权利义务安排），又涵盖了企业其他制度安排诸如利润分配、财务制度、风险管理、企业未来发展规划、员工和管理层激励机制等。有的学者将代理成本分为第一类和第二类，第一类代理成本为股东和代理人之间冲突所产生，第二类代理成本为大股东和中小股东之间冲突所产生，因此，相对应地，解决此类问题也被称为第一类和第二类公司治理问题（Shleifer and Vishny，1986；Porta et al.，1999；郑志刚，2004；郑志刚和孙娟娟，2009）。除此之外，还有学者把公司治理机制分为内外两部分，内部治理机制主要是通过对企业监督、决策和执行等权利进行合理安排，以保持企业的正常运作；外部治理则是依赖市场竞争的力量，通过经理人市场、产品市场和各种金融机构等外部力量来监督企业行为，迫使企业各方当事人循规蹈矩、自我约束（Klapper and Love，2002；Denis and McConnell，2003）。多年来，公司治理作为热点研究问题，许多学者对其展开了理论和实证研究，主要包括企业所有权性质、股权集中度、董事会规模和结构、制度安排和组织结构等。随着研究的深入以及企业自身不断实践，越来越多的人意识到，仅靠企业内部建立起来的公司治理机制并不能有效解决委托代理问题，具体表现在企业管理层滥用职权、大股东侵占小股东利益、股东侵害债权人利益等事件。虽然有学者提出可以通过改进董事会的职能来弥补公司治理的不足，但董事会在履职时仍然受到许多限制：成员单一，本身与管理层关系亲密；并没有以保护股东权益为目标；只会附和管理层的决策，独立性不够等。因此，许多企业的董事会都面临着职能虚化的问题。既然内部监督机制不可靠，企业便需要借助外部的监督机制来制约管理层权利。此时，机构投资者作为大股东和证券市场参与者，同时具备了内部和外部监督者的功能，为缓解代理问题和改善公司治理提供了另一种可能性。

三、资本结构理论

资本结构是指企业各类资本的构成及其比例关系，包括股权资本和债务资本。1952 年，美国经济学家大卫·杜兰特在《企业债务和股东权益成本：趋势和计量问题》一文中总结了传统的资本结构理论，即净收益理论、净经营收益理论和传统理论。随后，美国经济学家 Modigliani 和 Miller（1958）提出了著名的 MM 理论，该理论认为，不考虑企业所得税，在完全的资本市场和资本自由流动的前提条件下，企业融资结构（即股权融资债务融资比例）不影响资本成本，也不影响企业价值，因此又被称为资本结构无关论。由于 MM 理论的前提假设条件难以满足，Modigliani 和 Miller（1963）在原有 MM 理论的基础上进行了修正，修正后的 MM 理论认为，如果考虑企业所得税，企业负债率与资本成本成反比，与企业价值成正比。按照该理论的观点，当负债率达到 100%时为最佳资本结构，这显然是不合理的，且背离了社会实际情况。

MM 理论和修正的 MM 理论从股东的角度探讨了资本结构与企业价值之间的关系，这些理论是以股东利益最大化为出发点，忽略了负债增加导致企业债权人所承担风险增大，也没有提及对债权人利益保护问题。随着研究的进一步深入，传统的资本结构理论框架发生了重大变化，许多学者将代理成本理论、信号传递理论、信息不对称理论等引入对资本结构的研究。Jensen 和 Meckling（1976）将代理成本运用到企业资本结构研究中，认为负债虽然可以在一定程度上代替股东和管理人的冲突，减少股权的代理成本，但随着企业负债的增加，债权人与股东之间又会产生冲突，债权人的监督成本也会上升，从而产生债权代理成本，最显著表现就是借款利率的上升，而股东最终承担了这些额外增加的成本，由此可见，如果企业资本结构中债务融资比例过高，股东利益会遭受损失，企业价值也无法达到最大化。因此，考虑到代理成本，债务融资比例并不是越高越好，最优资本结构应权衡股权代理成本和债权代理成本，使两种成本之和达到最低值，从而达到企业价值最大化的目的。

由此可见，资本结构影响了企业的股权代理成本和债权代理成本。甚至可以说，资本结构与公司治理是紧密相关的（Grossman and Hart，1982；Diamond，1989；Harris et al.，1990；刘汉民和刘锦，2001；肖作平，2005），是公司治理的基础和依据，企业资本结构的优化有利于减少企业代理成本，提高公司治理效率。从公司治理角度看，资本结构对于企业重要性是不言而喻的，不仅对融资成本和企业价值产生影响，更与治理结构相互影响，是公司治理的核心内容。资本结构不仅包括了企业债务资本与股权资本之间的比例分配，也包括各类资本的期限结构（如长期负债与短期负债的比重），这些比例直接决定了企业不同利益相关者对企业控制的范围和程度，资本结构变化引起治理结构相应变化。通过对企业控制权和收益权等权利的让渡，使企业获得所需资本，股东、经营者和债权人相互之间形成制衡关系，并且这些融资资本之间的比例与资本总成本之和直接相关。因此，企业在选择资本结构时应慎之又慎，通过筹资决策不断优化资本结构使其趋于最合理的状态。

企业资本结构形成是受许多因素影响的，企业所在行业、发展战略、企业规模、信息不对称程度和市场环境等都会对企业资本结构产生影响（Harris and Raviv，1991；胡援成，2002；肖作平，2003）。影响资本结构的具体因素有：从财务指标角度看，有企业业绩、盈利能力、规模和成长性等；从外部环境的角度看，有金融市场的活跃性、法律环境、产品市场竞争激烈程度、所处行业前景等；从内部治理的角度看，有信息不对称程度、所有权性质、公司治理效率和利益各方之间代理冲突程度等。以上众多影响因素中，可以说治理因素是最重要的，良好的治理结构有利于企业最优资本结构的形成，而反过来优良的资本结构又促进了企业治理结构的改善，因此如果二者之间形成良性互动循环，将有利于解决企业委托代理问题，实现企业价值最大化。

由上述可知，企业资本结构与治理结构联系紧密，互相作用，如果有治理机制能够同时对二者产生积极影响，那么治理的效果将事半功倍。机构投资者作为大股东之一，拥有足够的资金、信息、技术和专业判断能力，能够判断企业资本结构是否合理，集中优势监管管理层对资本结构决策，监督管理层是否科学有效地进行投资并取得长远利益发展，通过影响企业的融资偏好而对良好资本结构产生一定作用。此外，机构投资者作为重要的证券市场参与者及大股东，具有双重身份并存的特点，天然就具备了监督管理层的能力和优势，同时兼有内部和外部治理机制的功能。从内部治理看，机构投资者是股东之一，享有企业剩余索取权，自然关心企业的经营业绩和发展前景；当机构投资者持有上市企业股份后，一是可以通过股东大会行使股东各项权利，如对企业经营方针和项目投资决策、董事会监事会成员选立、审议批准年度财务预算和利润分配方案等；二是直接进入公司董事会或是向董事会提名董事，督促董事会履行职责，维护全体股东的利益，参与企业经营决策，缓解企业“内部人控制”现象。从外部治理看，机构投资者与证券市场中的股价机制、并购机制、经理人市场等外部市场监督机制一起，对上市企业的各种行为形成约束和控制。由以上分析可知，机构投资者能够同时影响企业资本结构和公司治理，而资本结构和公司治理之间相互影响，因此，机构投资者在其中的治理作用显得更为重要。

四、信息不对称理论

最早关注信息不对称现象的是美国经济学家 Akerlof（1970）、Spence（1973）、Grossman 和 Stigjiz（1976）。他们指出，在市场交易中，买卖双方掌握的信息处于不对等的状态，在这种不对等状态下，掌握信息较多的一方可能会利用信息优势为自己牟取利益，做出损害对方利益行为，从而导致市场不均衡和整体效率降低。信息不对称可以存在于任何市场，表现为交易各方掌握的信息数量与质量不同、信息来源渠道不同和信息了解时间不同。在委托代理关系中，作为代理人往往更具有信息优势，而委托人则处于信息劣势状态，这种对信息掌握的优劣势差异最终可能导致两个后果：逆向选择和道德风险。逆向选择是指交易双方在信息不对称情况下，信息优势方向信息劣势方隐瞒、篡改或操纵相关信息，以损害信息劣势方利益为代价，获取最大利益；道德风险是指在交易双方签订契约后，由于信息劣势方不便于观测和监督契约执行的过程和效果，信息优势方通过各种行为侵占对方的利益。在公司治理中，由于信息不对称导致的逆向选择和道德风险可能会给企业带来一系列问题，由于代理人刻意隐瞒企业相关信息，委托方为避免自身利益受到损失而选择退出市场不进行投资，也无法区分哪些企业有投资价值，从而影响资本市场的资金供给和企业融资，降低资源配置效率。无论是经理人利用信息优势侵占股东利益，还是股东利用信息优势侵占债权人利益，都会导致企业引发代理问题，最终损害企业价值。

相较于其他市场，资本市场的交易程序更为复杂，涉及多方交易参与者，隐瞒和篡改信息手段也多样化，因此信息不对称问题更为严重和复杂。我国资本市场发展时间尚短，许多政策法规还未完善，金融创新又层出不穷，对于我国金融监管制度设置也是一个全新的挑战。加上我国资本市场存在大量的中小股东，他们获取信息成本较高，难以获得资本市场有效信息，是信息劣势方，因此我国资本市场信息不对称问题不容忽视，逆向选择和道德风险引发了严重的代理问题，也是公司治理需要解决的问题。

在资本市场上，股东、债权人、经理人及各个机构投资者都是重要的参与者，是企业相关信息的使用者和需求者。经理人和股东作为企业最重要的两方当事人和信息拥有者，他们从维护自身利益的角度出发，企业相关信息是以符合他们利益需求为标准披露出来的，因此这些信息无法全部符合信息真实性、准确性和及时性要求。在这种情况下，中小股东和债权人难以通过这些信息去了解企业真实状况，其信息分析能力又往往有所欠缺，导致经理人和股东侵占中小股东和债权人利益事件时有发生，逆向选择和道德风险不可避免，形成了因信息不对称而导致的代理问题（Jensen and Meckling, 1976）。此时，完全依靠企业内部治理机制或经理人和股东的自律行为来避免企业信息不对称问题是不现实的，无论是相关部门规定的强制性披露，还是企业的自愿性披露，都不能完全解决信息不对称问题，需要借助其他外部治理机制来监督企业经理人和股东，而机构投资者作为新兴的治理机制，可以在一定程度上发挥治理作用。机构投资者是企业股东，又兼有受托人的身份，对受托资产保值增值，通过在资本市场上交易获取利润，就需要获取企业相关信息，因此有动机去搜集上市企业信息；机构投资者是专业的投资机构，有大量的专业分析人才，具有较强的信息收集和分析能力。这些先天客观优势决定了机构投资者持股后参与公司治理，一方面督促企业经理人尽可能对外公布企业相关信息，另一方面也可将自己通过各种渠道搜集到的信息公布出来，从而减少企业内外部信息不对称程度。此外，机构投资者获得企业相关信息后进行交易，这些信息也会反映到机构的投资决策和股价上，最终传递给资本市场上的其他投资者，从而间接减少了企业与投资者之间的信息不对称程度。因此，机构投资者持股后具有一定监督和信息传播中介作用，能从一定程度上缓解企业内外部信息不对称。

五、融资约束理论

MM 理论认为，在完美资本市场条件下，企业的外部融资与内部融资可以完全替代，企业可以自由选择融资方式，企业的投资不会受到企业财务状况的影响。但是在现实世界中，完美的资本市场条件是很难达成的。由于普遍存在信息不对称和代理问题，企业外部融资成本往往会高于内部融资成本，企业在对外融资时还需要经历一系列反复谈判和签约等程序，而这些程序也会带来高额交易费用。因此，融资约束现象在各行业是普遍存在的，任何企业在向外部融资时都有可能受到限制，这也是资本市场上资金供需不平衡的表现。虽然企业经理人很清楚企业投资机会和现有资产状况，但企业外部投资人对此并不了解，不能准确判断是否可以进行投资，导致企业在面临一些净现值为正的项目时资金需求得不到满足，并且信息不对称程度越严重，融资约束程度越高（Myers and Majluf，1984）；在企业内部经理人和外部投资者可能存在代理冲突的情况下，经理人并不会全心全意经营企业净现值为正的投资项目，而是利用筹集的资金为自己谋取私利，给投资人带来损失，投资人为弥补可能遇到的风险只能向企业索要一部分溢价，从而导致较高的外部融资成本（Gertler，1992）。融资约束的存在会导致企业偏离最优投资水平，使企业因较高的外部融资成本和交易费用而不得不放弃一些有价值的投资项目，制约企业的发展壮大。如果企业在受到较大融资约束情况下，仍需通过对外借债进行融资，债权人就可能因预防风险而索要高于一般水平的报酬，从而形成企业的债权代理成本。

融资约束除了会限制企业某些投资项目以外，可能还会导致企业在财务决策上倾向于持有更多现金（Opler et al.，1999；Almeida et al.，2004；王彦超，2009；李国俊，2011；胡援成和潘启娣，2017）。作为企业最基础的财务决策，合理的现金持有水平有利于企业资金良性循环和企业健康可持续发展，但是当企业面临融资约束时，企业更可能会预先留存生产经营活动产出的现金，通过依靠内部资金满足融资需求，以缓解融资不足问题。通过持有现金以备企业满足未来投资需求，虽然能够从一定程度上缓解融资约束，用内源资金代替外源资金，但是也会给企业带来弊端。一方面，现金是非收益性资产，而出于预防动机的考虑保留现金，会导致企业资金闲置和无效占用，降低企业资金利用效率；另一方面，现金作为企业流动性最强的资产，极易被公司管理人员侵占和滥用，经理人可能借职位之便使自己利益最大化，产生过度投资、在职消费、增加津贴等行为，而大股东也可以通过企业现金流侵占中小股东利益，导致经理人和股东、大股东和小股东之间的冲突加剧，增加代理成本。因此，当企业面临融资约束时，如何缓解融资约束、进行最优现金持有决策和有效监督经理人并缓解代理冲突，也是公司治理领域需要研究的问题之一。

综上所述，企业融资约束降低了企业投资效率，在财务决策上又对现金持有政策产生影响，从而不利于企业整体价值提升，是企业需要解决的问题之一。由于信息不对称和代理问题是产生融资约束的根本原因，因此减轻企业内外信息不对称程度和缓解代理冲突就成为了解决问题的办法。而机构投资者作为大股东和证券市场参与者，可以充当企业信息传播的中介，资金实力雄厚、具备专业分析能力的机构投资者有能力分析和挖掘企业内部信息，并督促企业尽可能公开披露各类信息，有助于信息传播并减少企业和投资者之间信息不对称程度。从治理的层面分析，机构投资者在持有上市企业股份并达到一定数量时，机构投资者就有动机去参与公司治理，有的机构投资者甚至在公司董事会占有一席之地，直接参与上市公司决策与经营，影响企业融资偏好和现金持有政策，有效监督和制衡企业管理层和董事会，改善治理结构和缓解各方代理冲突。

第二节　机构投资者与公司治理

一、机构投资者发展现状及制度环境的变迁

我国证券市场建立于20世纪90年代初期，与英美等发达国家相比，我国证券市场起步较晚，发展得还不够完善，但是随着我国资本市场的进一步开放和经济腾飞，证券市场进入了飞速发展时期。作为证券市场的重要参与者之一，我国机构投资者也不断发展壮大，投资规模和开户数爆发式增长，我国股市也经历了从极端的散户化过渡到机构化的历程。我国政府监管部门对积极推进机构投资者发展的态度，也为机构投资者发展创造了良好的市场环境。在近20年的时间里，机构投资者持股比例连年上升，种类也在不断丰富。如图3-1所示，机构投资者持有A股市场比重在2003年还不到5%，随后迅速扩大，在2009年一度超过了60%，后面有所回落，但在2013年后又持续上升。这也和A股市场存在牛市和熊市两种市场行情波动有关。一般来说，机构投资者在牛市会扩大投资规模，对上市企业增持，在熊市则缩减投资规模，对上市企业减持。

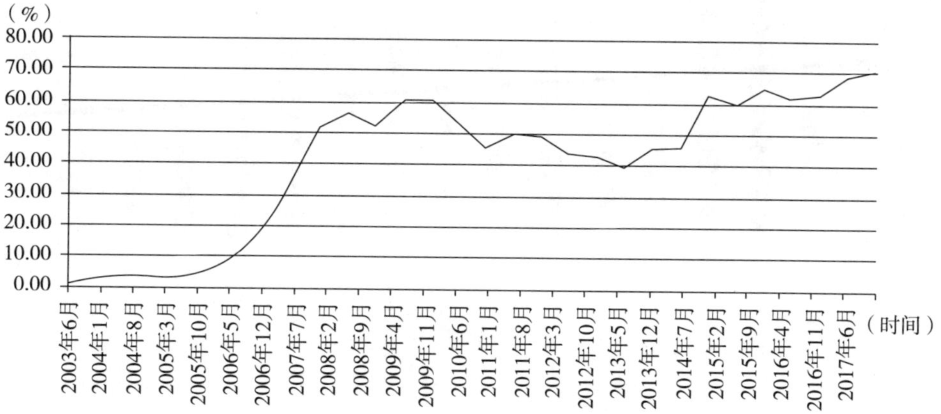

图3-1　机构投资者持股占流通A股比例

资料来源：万德数据库。

在对机构投资者发展规划上，我国相关部门也一直在颁布和完善证券市场以及机构投资者的相关法律法规。1997 年，我国颁布了《证券投资基金管理暂行办法》，标志着我国机构投资者开始进入资本市场，并且有了相应的规范条款；1998 年，开元基金作为我国第一只封闭式基金正式成立，表明真正意义上的专业机构投资者进入到资本市场并开始运作。同时，中国证监会提出了“超常规发展机构投资者”的重大战略，以机构投资者作为促进我国证券市场发展的重要手段，并出台了一系列政策措施鼓励和规范机构投资者发展。2003 年，中国颁布了《中华人民共和国证券投资基金法》，这是指导证券投资基金的纲领与指导性法律，对中国机构投资者具有里程碑式意义，为证券投资行业健康有序发展奠定了基础。随后，我国还引进了 QFII 制度，允许合格的境外机构投资者到境内投资，逐渐允许保险资金、社保基金和养老金等入市投资，进一步丰富了我国机构投资者的类别。至此，我国机构投资者形成了以公募基金为主，以保险和社保基金为辅，私募基金、QFII、信托基金、财务公司等共存的多元化局面。图 3-2 显示了我国几类主

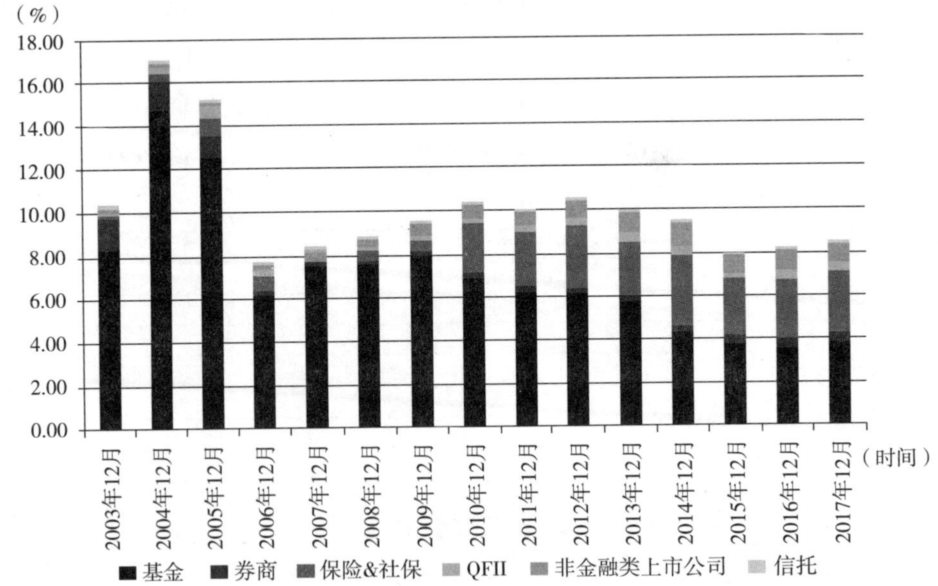

图 3-2 机构持股占比（除一般法人）

注：基金包括阳光私募、基金及基金管理公司；券商包括券商和券商集合理财。

资料来源：万德数据库。

要的机构投资者 2003~2017 年的持股比重，从图中可以看出，基金一直是机构投资者的主力，券商持股也占有较大比重，保险和社保类基金异军突起，后期几乎与基金平分秋色，其他种类的机构投资者持股比例大致持平。

二、机构投资者参与公司治理的客观环境

20 世纪 80 年代，欧美发达国家的机构投资者开始由消极的管理者转变为积极的管理者，股东积极主义开始被推崇并迅速发展。具有代表性的事件是 1985 年美国“Texaco 事件”，作为机构投资者代表，美国两大养老金——加州公共养老金和加州教师养老金发现，Texaco 公司仅向特定股东溢价回购股份，其他股东则不能享受该权益。针对此不公平事件，两大养老金为维护自身利益，积极与公司交涉，并成立了机构投资者顾问协会，将机构投资者联合起来，共同抵御类似损害股东利益事件的发生。此后，机构投资者逐渐意识到自己手中所持有的权利，可以对企业生产经营和重大事项决策产生一定影响，机构投资者股东积极主义逐渐兴起，在一定程度上保护了广大投资者利益（Wahal，1996；Smith，1996；Gillan and Starks，2000；Ferreira and Matos，2007）。

股东积极主义的兴起为机构投资者参与公司治理提供了良好的客观环境。机构投资者参与公司治理后，在一定程度上促进企业公开其真实财务信息，增加了信息透明度，督促管理层以股东利益最大化和企业价值提升为目标，全心全意为企业服务，并对企业不合理决策提出反对意见，是公司治理结构的重要组成部分。面对证券市场上企业频频违规操作、财务舞弊和利益侵占等不良行为，我国政府监管部门对机构投资者的治理作用寄予厚望，先后推出了分类表决制度和 IPO 询价制度。2006 年颁布的《中国上市公司治理准则》第十一条明确规定“机构投资者应在公司董事选任、经营者激励与监督、重大事项决策等方面发挥作用”，从法律法规角度肯定了机构投资者参与公司治理的合法合理性。虽然现阶段我国资本市场、相关法律和制度建设还相对滞后，上市企业治理机制也不够完善，机构投资者也没有完全发挥治理效用，但是机构投资者也能够为了维护自身利益，逐渐采取积极干预企业生产经营决策和监督管理层的行为，有力地践行了股东积极主义。2000 年

大成基金管理公司成功化解通百惠和胜邦企业两大股东对胜利股份控制权的争夺；2003 年以基金为主的机构投资者一致反对招商银行发行可转换债券，并通过私下协商、提交股东议案和联合行动等积极干预，最终使招商银行修改了发行方案，使修订后的融资方案更符合广大股东利益；2004 年，华夏、博时和南方三大基金管理公司联合起来对万科提出修改提案，要求万科在新修改的公司章程中以总资产为计算基数修改为以净资产为基数，并对企业非关联外单位之间担保作出了更严苛的规定。以上事件的发生，说明了我国机构投资者正在实践股东积极主义，参与上市公司治理行为愈来愈普遍，对上市企业的生产经营、监督管理层和各种重大事项决策等方面的干预程度也越来越深入。

三、机构投资者参与公司治理的方式

1. 机构投资者与企业控制权

一般来说，当机构投资者持有上市公司股权后，就享有参与企业生产经营和公司治理的权利，但是这种权利的大小也是随着持股比例来分配的。只有当机构投资者持股比例足够大时，机构投资者才具有企业部分或完全控制权并参与公司治理。从企业董事会的角度看，董事会是由股东代表、管理层代表和独立董事构成，机构投资者作为股东，可以通过股东代表进入上市企业董事会，从而拥有公司董事会席位，对公司治理直接产生影响；即使没有在董事会拥有席位，有些机构投资者也能凭借其大量持股间接影响公司治理，影响企业各项生产决策。因此，机构投资者凭借其大额资金对企业大量持股，可以积极介入企业各项事务，拥有部分控制权。

我国对机构投资者参与公司治理，保护资本市场上投资者利益方面寄予了厚望，在政策上也给予了机构投资者各种支持。2006 年底，我国证监会发布的《中国上市公司治理准则》中第十一条就提到“机构投资者应在公司董事选任、经营者激励与监督、重大事项决策等方面发挥作用”，鼓励机构投资者进入上市企业董事会，将部分监管的责任寄托于机构投资者。此后，许多机构投资者积极进入上市公司管理层和董事会，较著名的案例有 2012

年耶鲁大学基金会和鹏华基金会联名推举冯继勇进入格力董事会，2013 年易方达、华商和汇添富等基金公司推举的曲建宁成功入选上海家化董事会，2014 年汇添富向瑞康医药董事会提名董事等，机构投资者向上市企业派驻董事也越来越常见。机构投资者进入公司董事会后，对企业各项事务决策拥有部分控制权，可以凭借专业知识对大股东和管理层的行为有所制衡，在改善治理结构、缓解企业各方利益冲突和减轻信息不对称程度等方面起到积极作用。

2. 行使投票权和征集代理投票权

股东投票权是股东所享有的最基本权利，可以股东自己亲自行使，也可以由他人代为行使。上市企业股权掌握在广大股东手中，股东可以通过股东大会行使自己的投票权，机构投资者作为股东之一，自然也享有该权利，可以和其他股东一起通过参与投票决定企业的经营路线方针和投资决策。上市企业的股权分散，中小股东较多，地域上也很分散，如果每次召开股东大会都需要股东亲自不远万里赶来参加，将会花费股东大量时间和金钱成本，造成资源浪费。因此，大部分中小股东不会亲自参加股东大会，直接放弃管理公司权利，在参与公司治理上存在“搭便车”行为；即使能够参与大会行使自己的投票权，也往往因为持股量太小，对企业重大决策事项的影响也基本可以忽略不计。

在此背景下，中小股东可以委托其他完全民事行为能力的人代为行使投票权，即为代理投票权。股东如要在企业生产经营中表达自己的主张，必须在股东大会上使自己主张的提议以一定票数通过。此时，大股东就可以从中小股东手中搜集投票权，以获得支持自己主张的投票权。机构投资者作为股东的一员，相较于其他中小股东来说，具有持股量大且集中的特点，是可以征集这种代理投票权的。通过获取代理投票权，机构投资者可以取得上市企业部分控制权，与其他中小股东一起壮大自己力量并参与公司治理，与大股东和经理人利益侵占的行为抗衡，保护自己的权益不受侵犯。我国《公司法》和其他各种规范性文件也明确规定股东可以委托代理人出席股东大会会议，为机构投资者征集代理权并参与公司治理提供了法律层面的制度保障。

3. 股东提案

股东提案权也是股东所享有权利之一，是指有资格的股东可以将其关心的问题作为议题或议案提交给股东大会进行审议或表决的权利。我国重新修订的《公司法》对此项权利作出了相关规定："单独或合计持有公司股份达到3%以上的股东，可以在股东大会召开前十日提出临时提案并书面提交董事会。董事会应该在收到提案后二日内通知其他股东，并将该临时提案提交股东大会审议。"这项制度保障了中小股东参与企业生产经营的权利，让他们有机会提出自己的意见和建议，有利于提高中小股东参与公司治理的积极性，也是中小股东对企业管理层和大股东进行监督和制衡，参与企业日常生产经营决策的途径之一。从成本的角度看，提案发起者可以口头收集意见，发起一个股东提案的费用并不高，是一种低成本、便捷的股东交流方式。

股东提案为机构投资者参与公司治理提供了一种全新的途径。机构投资者可以单独或联合提交股东提案，要求公司维护广大股东的基本权益；监督管理层的权利，督促监督管理层自律，如加强薪酬管制或限制在职消费等；要求改善公司治理结构，如加强董事会的独立性、限制董事会成员的任期或直接选举董事会主席和成员等。虽然提案没有强制性约束力，但是可以引起大家对提案所提出问题的关注，对公司董事会产生一定影响。此外，管理层对股东提案大多持有抵制态度，在提案正式提交前，管理层可能会选择与提案发起人进行谈判，此时机构投资者作为提案发起人可以和企业管理人员进行私下磋商，迫使企业在改善公司治理结构、监督管理层上采取一定措施，以达成协议和共识。即使协商无效，机构投资者也可通过正式提交股东提案或其他方式积极干预公司治理。

4. 公开建议与联合行动

如果采取以上几种措施都无法与企业达成一致意见，机构投资者还可以通过报纸、网络和电视等向社会公众公开对企业的建议、评价和意见，引起广大股东和潜在投资者的重视，从而让企业管理层迫于公众的压力对企业不足进行改进。机构投资者还可以根据企业股票收益和经营业绩的好坏对上市企业进行分类，定期公开上市企业经营业绩以及经营业绩排名，公开那些经营绩效较差或治理结构不完善的企业，督促他们进行整改。公开建议可以使企业受到外部监督，尤其是可以通过媒体和社会公众向企业管理层施加压力，促使上市企业完善治理结构，提升企业经营业绩。

机构投资者虽然具有充足的资金和专业知识，相较于资本市场上的个人投资者来说实力要雄厚得多，但机构投资者并不能对每一家上市企业都大规模持股，加上我国的法律法规对某些机构投资者入市规模和投资品类还有限制，因此有时候机构投资者对上市企业的影响力相对来说还比较薄弱，无法在公司治理中发挥应有的作用。此时，机构投资者可以采取联合行动方式（与其他机构投资者或者中小股东），通过抱团提高自身在企业的影响力，从而达到参与企业生产经营和公司治理的目的。通常所熟知的联合行动是当企业股价持续大幅下跌或企业有公关危机，当企业陷入如此困境时，机构投资者通过联合行动对企业实施控制，取得话语权，防止企业状况进一步恶化，寻找企业陷入困境的原因并督促企业进行整改，持续关注后续发展结果，直到企业度过危机为止。

第三节　机构投资者、公司治理与企业债权代理成本机制分析

一、债权代理成本成因

现代企业因扩大生产规模和投资，常常需要通过一定方法融通资金。一般来说，企业融资途径有三种：内源融资、债务融资和权益融资，其中债务融资和权益融资也被称为外源融资。内源融资是企业日常生产经营活动产生的自有资金，主要由留存收益和折旧构成，是企业资金的重要来源，在使用上有很大的自主性，且几乎没有融资费用，是企业将自有储蓄转化为投资的过程。虽然内源融资在使用上具有很大的便利性，但是资金规模受企业盈利能力和积累的影响，并不能大规模融资。随着生产和投资规模的不断扩大，仅依靠内源融资已远远不能满足企业的融资需求，此时，企业就需要通过外

部渠道获得资金，如贷款、发行股票和债券、商业信用等。外源融资中以股票和债券为最主要的融资方式，而通过这两种方式所融得资金也构成了企业的资本结构，即权益资本和债务资本。

由于现代企业规模越来越大，企业通过发行股票引入的资金也越来越多，是企业最主要的资金来源。通过股权融资所获得的资本金具有永久性，无须偿还，且可以大规模融资，相较于其他融资方法有很多优势，但是该种融资也会带来企业股权分散的问题。当企业对外发行股票时，企业的股权便掌握在资本市场上广大投资者手中，虽然也有大股东会集中持股，但是更多股份是被分散的投资者所持有，且发行的股份越多，股权分散的可能性越大。股权的分散使众多股东不可能都参与到企业生产经营中来，因此只能聘用专业的管理人员来承担企业的日常经营工作，这便是两权分离，即经理人掌握企业经营权，股东掌握企业所有权。两权分离导致委托代理问题产生，委托代理问题又引起了代理成本，股东和经理人之间冲突产生的即为股权代理成本。在 Coase（1937）的“企业契约理论”下，将代理问题定义为不完备契约下契约一方对契约另一方利益侵占造成的损失。一个完备的契约应该将契约各方的责任和义务规定清楚，并且把未来有可能发生的各种情况及各方应对的责权利都清楚明白地写上。但是在实际设计企业契约时，完备的契约是很难达到的。首先股东和经理人作为企业最基本的两个当事人，二者之间信息是不对称的，在收益获得方式和如何利益保全等方面存在着差异，对企业的责任和义务也是不对等的，因此事先要了解可能发生的各种状况并设计应对的方法是不可能的。此外，在契约形成及执行过程中会产生各种费用，如搜集信息、寻找合作伙伴、谈判签约以及监督执行等，都会产生交易成本，而且即使花费再多交易费用，仍然无法对未来所有状态准确预测，因此所达成的契约是不完备的。

由上述可知，现代企业的两权分离是社会分工和生产扩大化的必然结果，而股东和经理人之间又不能达成完备契约，因此二者之间代理冲突以及随之而来的股权代理成本不可避免。随着研究的深入，越来越多的学者发现，除了股东和经理人之间冲突导致股权代理成本以外，股东和债权人之间也存在冲突导致债权代理成本，甚至当股权代理成本过高时，企业可能通过增加负债来缓解股东和经理人之间冲突，但是负债的增加又会导致企业债权代理成本增加。负债作为一种需要还本付息的资产，在企业生产经营中起着重要作用，无论是早期的 MM 理论还是 Fama 和 Miller（1972）等的研究证明，负债具有“税盾作用”。由于债务利息是在税前支付的，也不会分散控制权，能够使企业充分享受财务杠杆带来的效应，因此负债融资越多，债务的抵税作用越强，最终提升企业的市场价值。此外，负债还具有相机治理作用（Philips，1995；Ortiz-Molina，2007；汪辉，2003；杨兴全和陈旭东，2004；童盼和陆正飞，2005）。首先，债权人可以通过签订限制性条款来监督和约束经理人。其次，负债需要还本付息，因此负债的存在可以减少经理人用于谋取自身利益的自由现金。再次，如果企业经营状况不佳无法支付债务本息时，企业可能会面临着破产，公司控制权也有可能被转移到债权人手中，为避免这一状况发生，企业管理层只有努力工作，提高企业经营绩效，从而增加企业价值。一般认为，负债越高，企业破产可能性越大，因此从信号传递的角度看，负债可以看作对外传递关于企业真实价值的信号，当企业增加负债，说明企业对于未来的盈利有较大把握，经理人看好企业生产经营前景，是一种积极信号。最后，增加负债还可以间接提高经理人持股比例，缓解股东和经理人之间代理冲突，使二者之间利益尽量趋同。因此，负债具有缓和股东和代理人之间冲突的功能。

鉴于负债的各种优势和功能，引入负债可以弥补公司治理不足和遏制股权代理成本，但同时又带来了债权人和股东之间冲突。在企业的日常生产经营过程中，股东和经理人对企业各种信息更为了解，可利用与债权人之间的信息不对称，通过各种行为侵占债权人利益，具体表现为“资产替代”“投资不足”“债权稀释”和“股利支付”等（Jensen and Meckling，1976；Myers，1977；Smith and Warner，1979；王志芳和油晓峰，2009）。资产替代是指当企业面临较高负债时，股东宁愿选择风险更高的项目进行投资，因为此时如果项目成功，那么股东可以获得其大部分收益，而作为债权人仅获得事先约定的本金和利息，对于投资项目失败与否，股东仅承担有限责任，债权人却承担了项目失败的大部分风险；投资不足是指当企业有风险债务且还债压力较大时，企业投资所赚取的绝大部分收益都要用于偿还负债和利息，而股东将无利可图，即牺牲了股东利益来补偿债权人，股东从利己角度出发，不会对这些有预期收益，但收益绝大部分归债权人所有的投资项目进行投资，股东和经理人投资积极性不高，此时企业就会产生投资不足问题，这种行为在陷入财务困境的企业中尤为明显，投资不足最终会降低企业价值，从而损害股东和债权人等与企业利益相关者的共同利益；债权稀释是指企业在原有债务的基础上举借新债，导致企业原有债务风险增加，当企业负债总额增加时，企业面临着更大的财务杠杆，债务偿还的可能性也会降低，从而减少原有债权的价值；股利支付是指股东为侵占债权人利益，可能通过虚增、瞒报手段尽量增加企业账面上利润以便于发放现金股利，过多股利发放减少了企业自有资金，削弱了企业偿债能力，对企业未来投资能力有负面影响，从而损害了企业未来的价值创造能力。

从上述分析可以看出，股东和经理人会通过一些行为损害债权人利益，而债权人作为理性的投资者，对股东和经理人的各种利己行为也会进行预测和防范，采取各种措施避免利益侵占。当债权人意识到股东和经理人可能存在资产替代、投资不足、债权稀释和股利发放等行为时，他们可能会要求更高的贷款利率作为补偿，或者在借款时与企业签订各种限制性和保护性条款，对企业投资项目风险与种类作出规定，在条约中限制股利发放，甚至尽量缩短债务期限以减少违约风险。以上种种行为都会导致债权代理成本的发生，既包括债权人要求的高出正常借贷利率的利息补偿，也包括在谈判、监督和执行借贷契约时发生的各种费用支出，还包括各种限制条款导致企业作出投资决策时瞻前顾后，错过良好投资机会所产生的损失等（Jensen and Meckling，1976；Mello and Parsons，1992；Manso，2008；朱志标和张楠，2010）。此外，当企业面临破产时，债权人因信息不对称而在谈判时处于劣势，同时股东会想尽一切办法促成利己条款的形成，因此为保护债权人利益不受侵害也需付出一定成本，这部分支出也构成了债权代理成本的一部分。

综上所述，企业债权代理成本是债权人和股东之间冲突产生的。股东和债权人之间利益目标不一致，所承担的责任和义务也不对等，而相较于债权人，股东和经理人在对企业生产经营的信息掌握上更具有优势，因此他们可以通过各种方式侵占债权人利益。市场上债权人是理性的投资者，当债权人预测出股东各种利益侵占行为后又会采取措施保障自身的利益，监督和限制股东和经理人的各种行为，而所有的预先保障措施会给企业带来各种费用和支出，这些费用和支出即为债权代理成本。债权代理成本的存在增加了企业成本，最终降低了企业价值，使企业所有利益相关者权益都受到损失。

二、机构投资者对公司治理影响的机制分析

机构投资者是专门从事投资活动的组织机构，因此，获得投资收益就成为机构投资者的首要目标。机构投资者的投资渠道是资本市场，获得投资收益途径无外乎就是买卖有价证券以及获得企业分红。机构投资者拥有专业的投资人员，他们对市场上信息进行收集、整理和分析，从中挑选出有投资潜力的股票进行投资，再以适当的时机出售，从中获得企业分红和股票价差收入。在瞬息万变的资本市场，投资者所面临的风险是客观存在的，机构投资者作为资本市场的主要驱动力，也需要尽量降低市场和企业个体所带来的风险。

一般来说，在持有上市公司股票过程中，机构投资者可以采取两种投资策略：一是采用短线投机获得价差收入的消极投资型，即在市场起伏时瞄准某个机会，快进快出，往往伴随着极大的风险；二是坚持价值投资，积极监督被持股企业的管理层和参与公司治理以追求长期持股收益。就第一种策略来说，机构投资者代表了市场主流方向和价值判断，运用手中所持有的大笔资金对股票买进卖出的短期操作容易导致市场的导向性错误，产生羊群效应，引起股价的巨幅波动和市场的非理智暴涨暴跌，不利于资本市场的稳定，这也违背了国家和政府对机构投资者所寄予的期望和定位；频繁的买进卖出股票也会增加交易成本，机构投资者必须密切关注和搜集有关股票信息，又增加了机构投资者的投资成本；短线操作实质上是博弈，风险很大，判断正确就立刻盈利，判断失误就立刻亏损，有着极大的不确定性，即使是经验老到的机构投资者也不可能每次判断都正确，因此，这并不是一种稳妥的投资策略。对于第二种投资策略，机构投资者持有大额资金，决定了其持股量与持股比例必然比中小股东高得多，天然具有成为上市企业大股东的能力。从经济学角度看，机构投资者是否参与公司治理，取决于其在公司治理的过程中，监督管理人员和参与经营决策所耗费成本与参与公司治理所能获得收益之间的比较。从参与公司治理的成本上看，机构投资者作为大股东，与上市企业联系更紧密，能够更为便捷地挖掘和获得信息，甚至拥有一些个

人投资者所不具备的信息获取渠道；机构投资者持股量大，具有规模效应，其获得信息和参与监督的单位成本分摊下来要低于个人投资者，因此，机构投资者是公司治理的有效参与者。

随着我国机构投资者资产规模逐渐增加及股东积极主义的兴起，机构投资者日益成为我国一项重要的公司治理机制。许多学者以我国企业为研究样本，对机构投资者参与公司治理的效果进行了研究，主要集中在分析机构投资者参与上市企业治理的内在动因、方法和效果等。从机构投资者获得收益的可持续性角度看，通过参与公司治理，帮助企业提升治理水平，提升企业经营业绩和价值获得的收益更为稳健和持久，收益的质量更高，因此机构投资者具有参与并改善公司治理的动力。机构投资者持股后，可以凭借上市企业股东身份，通过参与股东大会投票、向企业派驻董事、征集代理投票权和联合行动等方式介入上市公司治理，对企业股权结构、公司董事会制度、监事会制度以及各项经营和投资决策产生影响，监督企业大股东和管理层，从整体上改善治理结构，促使企业对权利和利益进行合理分配，从而缓解企业利益相关者之间的冲突。从我国机构投资者积极参与上市公司治理的实践来看，2002 年天歌科技改组、2006 年三爱富股改、2008 年唐钢股份债转股、2012 年格力推举董事会候选人等事件的发生，也说明了我国机构投资者在公司治理中发挥了积极的作用，保护了中小股东利益。因此，从公司治理角度分析，机构投资者的治理行为有利于完善企业治理结构，缓解企业代理问题。

三、公司治理对企业债权代理成本影响的机制分析

债权代理成本与股权代理成本共同构成了企业代理成本，如何减少代理成本是当今学术界研究的热门课题之一，也是公司治理的主要任务。债权代理成本作为代理成本的重要组成部分，也是值得探讨和深入研究的。那么，公司治理是如何影响企业债权代理成本的？

首先，从债权代理成本的定义可知，债权代理成本是由企业的股东和债权人之间冲突产生的，当企业期望通过借债进行融资时，债权人为预防股东利益侵占行为而提前采取防范和监督等措施产生的成本，因此，企业负债情

况直接影响着企业的债权代理成本。作为公司治理的基础和核心内容，资本结构即为企业各类资金构成的比例关系，也就是企业自有资金和负债情况，不同的资本结构也就意味着企业债务量大小、债务的种类和期限结构不同，而这些不同会导致债权代理成本的差异。例如当企业负债越多，债务到期时间越短，债务来源不稳定以及利息过高，或企业陷入财务困境时，企业所面临的债务代理成本可能也越大。由此可见，公司治理中的资本结构影响着企业债权代理成本。

其次，由债权代理成本产生的根本原因可知，在股东和债权人信息不对称情况下，二者对企业权益的索取存在巨大区别，股东和经理人可能存在自利行为而侵占债权人利益，导致额外成本以及降低企业效率，从而形成了债权代理成本。因此，缓解股东和债权人之间的冲突，减轻二者之间信息不对称程度，预防利益侵占就成为了减少债权代理成本的关键解决办法。从公司治理的角度看，良好的治理结构有利于实现企业资源的有效配置，有利于企业长远健康发展，有利于在制度安排下，股东、董事会、监事会和经理层等可以各司其职，分配好各自的责权利并相互制衡，监督并限制股东和经理人的利益侵占行为。因此，企业如果能够合理安排治理机制，将会促进各方企业利益相关者达成利益最大化的目标，使企业达到帕累托最优的状态，从而缓解大股东、中小股东、管理层和债权人等之间的利益冲突。由此可推测，完善的公司治理机制有利于减轻企业债权代理成本。

四、机构投资者与企业债权代理成本：公司治理的中介效应机制分析

机构投资者持股后对公司治理产生影响，而公司治理最终又影响了企业债权代理成本，因此，机构投资者可以通过公司治理这一中介效应作用于债权代理成本，具体的效应机制可从以下几个方面考虑：

首先，从公司治理中资本结构的角度考虑。资本结构和融资决策是企业重要的财务政策，合理的资本结构和正确的融资决策有利于企业不断获得新的资金来源，从而满足企业因扩大再生产而产生的资金需求，在行业中保持竞争优势。机构投资者作为专业的投资机构，拥有专门从事企业分析的人

员，能够运用专业知识搜集资本市场上的有用信息并对企业进行分析，对企业融资决策进行建议，判断企业融资决策和资本结构是否合理，并对政策的执行效果进行监督。机构投资者参与公司治理后，可能会影响企业资本结构调整，对企业资产负债率、债务期限的长短、债务的种类以及企业融资偏好产生一定影响，如督促企业的资产负债率保持在一个合理范围，既要敦促企业适度负债以保持充足的资金来源，也要防止企业因负债过多、还债负担过重而发生财务危机；影响企业的融资偏好，使上市企业尽可能按照正常的融资优序顺序进行融资；促使企业延长债务期限或选择期限更长的债务进行融资，维持稳定的融资渠道，通过对不同期限和不同种类的债务进行组合，以达到减少融资成本的目的。因此，当机构投资者积极地参与到公司治理中时，对企业管理层的融资决策进行干预，对企业资本结构、债务种类和期限施加影响，从而影响企业债权代理成本的高低，这也是机构投资者影响企业债权代理成本较为直观的一种体现。

其次，从机构投资者在公司治理中影响企业信息不对称和融资约束的角度考虑。融资约束产生的根本原因是资金需求方和资金供给方之间信息不对称，且外部融资成本高于内部融资成本，造成资金需求方企业无法按期望成本进行融资。当企业受到较强的融资约束时，意味着企业需要花费更多的成本和精力才能融资，此时企业也面临着更高的债权代理成本。因此，如果机构投资者参与公司治理能够改善企业治理结构，减轻企业内外信息不对称程度，那么机构投资者的治理行为有利于缓解企业融资约束并减少债权代理成本。机构投资者既是企业股东——管理层代理关系中的股东（委托人），也是资本市场中资金所有者——资金受托者代理关系中的受托者，这种特殊的双重身份导致机构投资者不仅具有公司治理功能，而且肩负着稳定资本市场，向社会公众及时传递企业相关信息的责任。机构投资者是具有专业分析能力的投资机构，擅长信息的挖掘和处理，也有着一般投资者所没有的更广泛的信息渠道，对于上市企业发布的会计信息有更高的理解和分析能力。机构投资者在对企业相关信息进行分析后，可以向公众公布自己分析的结果，提出意见和建议，因此机构投资者具有促进信息传播的功能，提高上市企业会计信息披露质量和信息透明度，减轻企业内部管理层、股东和外部投资人之间的信息不对称程度，缓解企业融资约束程度，促使投资人作出理性的投资决策，从而减轻企业债权代理成本。图 3-3 显示了机构投资者通过信息不对称和融资约束影响企业债权代理成本的过程。

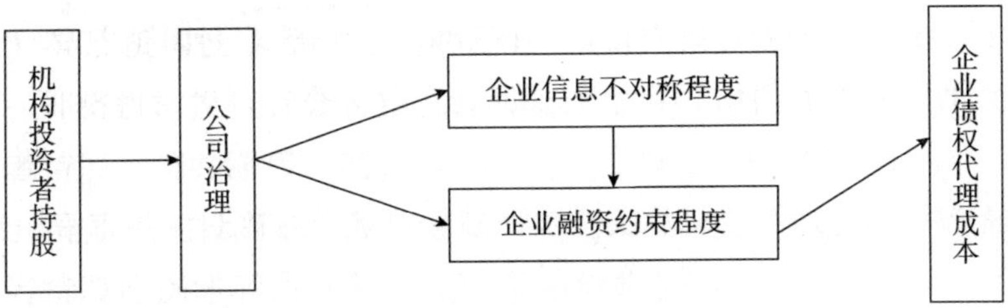

图 3-3 机构投资者影响企业债权代理成本——信息不对称和融资约束视角

最后，从机构投资者在公司治理中监督作用的角度考虑。根据公司治理机制功能，可以将其分为激励机制、监督机制、外部接管机制和代理权竞争机制，正是这四种机制相互协调、相互作用，共同构成了企业的一整套治理体系。就监督机制来说，大股东、中小股东、企业监事会、审计师事务所、债权人和分析师等都可以是企业的监督人，但考虑到监督的成本和效果，上述监督人并不都是有效的监督者。例如大股东可能存在利益侵占的代理问题，中小股东可能“搭便车”，监事会不能完全保持独立性等。此时，机构投资者作为专业的投资机构，具有较强的分析能力和信息收集能力，又是上市企业股东和资本市场的一员，可以同时从内部监控机制和外部资本市场对企业实施监督。因此，机构投资者在监督方面有着天然的优势，是企业的有效监督者。机构投资者既可以凭借手中所持有股权进入公司董事会，也可以行使股东投票权，还可以联合其他股东一起对企业提出建议和提交股东提案等，这些都是机构投资者参与上市公司监督的手段和方法。通过上述行为，机构投资者可以对上市企业实施监督，发挥治理作用，即通过监督机制作用于公司治理。

企业债权代理成本产生的根源在于企业内部股东和经理人与企业外部债权人之间的冲突，在信息不对称情况下，股东和经理人可能会通过资产替代、投资不足、债权稀释和过度股利发放等行为侵占债权人利益，从而产生债权代理成本。机构投资者持股后参与公司治理，首先可以利用大股东的身份观察企业在日常生产经营过程中是否存在股东和经理人侵害债权人利益的行为，例如股东和经理人是否在负债较多时倾向于高风险项目，在原有债务基础上大量举借新债，过度发放股利等。一旦发现企业有实施上述行为的趋势，机构投资者可以利用手中的权利对这些行为进行限制，如通过股东提案、投票权和公开建议等方式向企业这些不当的行为决策提出反对意见，在一定程度上向管理层施加压力并迫使他们做出改变，从而保护债权人利益，缓解企业内部大股东和经理人与外部债权人之间的利益冲突，影响企业的债权代理成本。图 3-4 显示了机构投资者通过监督机制影响企业债权代理成本的过程。

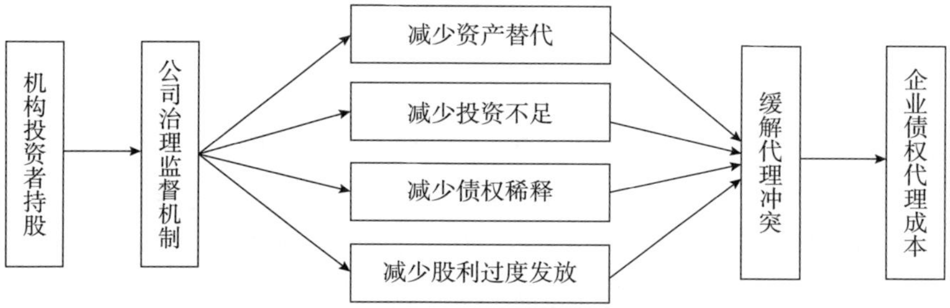

图 3-4 机构投资者影响企业债权代理成本——监督行为视角

综上所述，当机构投资者持股并参与上市公司治理后，其各种治理行为对企业治理结构、融资偏好和融资决策等产生作用，从一定程度上影响企业负债结构、债务期限种类以及债务融资的难易程度，改善企业内外部信息不对称程度，缓解融资约束。通过监督企业股东和经理人，预防企业资产替代、投资不足等行为，直接或间接对企业股东和债权人之间的矛盾冲突产生影响，最终影响企业债权代理成本。

五、机构投资者与企业债权代理成本：一个模型框架

接下来运用模型来推导机构投资者参与公司治理后对企业债权代理成本的影响，借鉴固定投资模型（Tirole，2007①），首先作出如下假设：

（1）企业有一个投资项目，需要资金 I，企业拥有自有资产为 A，且 A<

① Tirole J.. 公司金融理论［M］. 北京：中国人民大学出版社，2007.

I，需要向债权人借款 I-A。

（2）项目成功的话产生利润 R，企业家和债权人分享利润 R，其中企业家分得 R_1，债权人分得 R_2。

（3）企业家可以选择“尽职”或“卸责”，如果企业家“尽职”，则成功的概率 $p=P_H$，如果企业家“卸责”，则成功的概率 $p=P_L$，且获得私人收益 B，$P_L<P_H$，$\Delta p=P_H-P_L$。私人收益 B 为企业家（这里可以看成是股东和经理人）对债权人的利益侵犯，因此 B 可以代表债权代理成本。

如果企业家“卸责”，则项目面临着负的净现值 $P_L\times R-I+B<0$，但企业家仍可获得私人收益 B，成功概率从 P_H 降到 P_L，公司收入中有企业家利润 R_1（成功则获得 R_1，失败则获得 0），当企业家通过“尽职”获得的收益大于“卸责”获得的收益时，企业家将选择尽职：

$$P_H\times R_1\geqslant P_L\times R_1+B \quad \text{或} \quad \Delta p\times R_1\geqslant B \tag{3-1}$$

上式（3-1）也称为激励相容约束条件。在此约束条件下，能够给债权人的最大收益为 $R-B/\Delta p$，因此债权人能获得的预期收益 IN 为：

$$IN=P_H\times(R-B/\Delta p) \tag{3-2}$$

只有当债权人收支相抵或者获得收益时，债权人才有可能借款，因此债权人获得的收益必须大于初始贷款：

$$IN=P_H\times R-[P_H/(P_H-P_{L)}]\times B\geqslant I-A \tag{3-3}$$

上式（3-3）也称为债权人的个人理性约束，可将其表达为：

$$A\geqslant P_H\times[B/(P_H-P_L)]-(P_H\times R-I) \tag{3-4}$$

接下来考虑机构投资者的治理行为对企业借贷和债权代理成本的影响。假设机构投资者有两个选择：“监督”H 和“不监督”L（为简化分析，这里对尽职和监督采用了同样的标记）。假定机构投资者监督 s{H，L} 条件下企业家尽职 $d\in\{H, L\}$ 出现的概率为 $\delta_{s,d}$，V_s 为给定机构投资者监督 s 条件下项目成功的概率，假定机构投资者监督是最终结果的充分统计量，根据充分统计定理，V_s 是独立于企业家尽职或卸责的。

给定企业家尽职或卸责条件时，成功概率为 P_H 和 P_L，这需要满足：

$$P_H=\delta_{HH}\times V_H+\delta_{HL}\times V_L \tag{3-5}$$

$$P_L=\delta_{LH}\times V_H+\delta_{LL}\times V_L \tag{3-6}$$

假设企业家在机构投资者监督下尽职，获得项目收益 R_1，且获得的收益必须能够激励他们尽职工作，机构投资者监督会使企业家尽职的概率从 δ_{LH} 增加到 δ_{HH}，企业家从项目中获得的收益要大于卸责下私人收益 B：

$$(\delta_{HH}-\delta_{HL})\times R_1 \geqslant B \tag{3-7}$$

因此，企业家获得最低可保证收益为：

$$\delta_{HH}\times R_1 = [\delta_{HH}/(\delta_{HH}-\delta_{HL})]\times B \tag{3-8}$$

相应地，债权人借款的必要条件为项目全部收益减去企业家获取的那部分收益后，要大于债权人的初始投资成本：

$$P_H\times R-[\delta_{HH}/(\delta_{HH}-\delta_{HL})]\times B\geqslant I-A \tag{3-9}$$

与式（3-3）不考虑机构投资者监督相比，

$$P_H\times R-[P_H/(P_H-P_L)]\times B\geqslant I-A \tag{3-10}$$

式(3-5)和式(3-6)就可以表达为：

$$\frac{P_H}{P_H-P_L}=\frac{\delta_{HH}/(V_H-V_L)+V_L}{(\delta_{HH}-\delta_{LH})\times(V_H-V_L)}>\frac{\delta_{HH}}{\delta_{HH}-\delta} \tag{3-11}$$

从式（3-10）可以看出，机构投资者监督的存在可以增加项目的收入，而且可以促使融资借款的成功，还可以表达为：

$$\frac{\delta_{HH}/(\delta_{HH}-\delta_{LH})}{P_H/(P_H-P_L)}\times B=\frac{\delta_{HH}/(V_H-V_L)}{\delta_{HH}/(V_H-V_L)+V_L}\times B\times B \tag{3-12}$$

由此可以看出，机构投资者监督后，使企业家原有的利益侵占 B（如前文假设，也可看成是企业债权代理成本）降到了 $\frac{\delta_{HH}/(V_H-V_L)}{\delta_{HH}/(V_H-V_L)+V_L}\times B$，因此，机构投资者参与公司治理有利于督促企业家更尽职地工作，降低股东和经理人对债权人利益的侵占，从而降低企业债权代理成本。

第四节　本章小结

本章首先阐述了机构投资者参与公司治理的相关理论，系统地回顾了委托代理理论、公司治理理论、资本结构理论、信息不对称理论和融资约束理论，构建了机构投资者参与公司治理的理论基础。然后分析机构投资者参与公司治理的动因：从获取投资收益和维护自身利益的角度出发，机构投资者有充足的动机参与上市企业公司治理并监督和制约企业管理层和大股东，且相较于个人投资者和其他中小股东，机构投资者更具有专业分析能力以及低监督成本的优势。从客观环境上看，股东积极主义兴起为机构投资者参与公司治理提供良好的制度环境，我国政府部门又采取鼓励机构投资者参与公司治理的态度，也为机构投资者参与公司治理奠定了现实基础。接着，讨论了机构投资者参与公司治理的方法。如果机构投资者持有某家上市企业大量股权，就可以凭借其股权进入上市企业决策层，直接参与企业生产经营管理，监督企业管理层；如果单个机构持股力量薄弱，机构投资者还可以通过向广大中小股东征集代理投票权以增强对企业的影响；如果机构投资者就企业的生产经营、投资融资、日常行政管理等有自己的意见和建议，那么可以通过股东提案就公司各种问题进行磋商，互通信息，以达成共识；如果与企业管理层意见不统一，机构投资者还可以公开发表意见，并联合其他股东一起对企业施加压力。接下来对机构投资者、公司治理和企业债权代理成本之间的关系进行理论分析，首先分析了债权代理成本的成因，是企业内部股东和管理层与外部债权人之间利益冲突产生的，在信息不对称情况下，股东和管理层可能会通过“资产替代”“投资不足”等行为侵占债权人利益，最终导致企业债权代理成本增加和企业价值损失。然后从公司治理角度出发，机构投资者参股后对企业的治理结构、融资决策等产生影响，对企业管理层和大股东实施监督，改善公司治理，在一定程度上防止股东和经理人侵占债权人利益的行为，缓解股东和经理人与债权人之间的利益冲突，从而影响企业债权代理成本。最后从数理模型的角度分析了机构投资者参与公司治理后对企业债权代理成本的影响。

第四章 机构投资者影响企业债权代理成本：异质性视角

本章考察不同类型的机构投资者对企业债权代理成本的影响是否存在区别。由于不同的机构投资者投资目的、持股偏好和行为特征等存在差异，导致了异质机构投资者持股后参与公司治理的程度和发挥的效用也不尽相同。本章将机构投资者分为独立型和非独立型机构投资者、集中持股型和分散持股型机构投资者，分别考察这些类别的机构投资者是否参与了公司治理，以及是否对企业债权代理成本产生影响。

第一节 理论分析与研究假设

代理成本是企业各方利益相关者之间利益冲突所造成的损失，是在各方之间信息不对称条件下，为预防、监督、制定及执行契约时所耗费的成本。代理成本的存在使企业不能进行最优资源配置，不利于企业利润和价值最大化。此时，就需要企业利用公司治理结构和机制，在企业内部进行权利义务等制度安排，如合理的薪酬设计、适度的股权集中、董事会监事会制度的完善等。良好的治理机制有利于缓解企业各方当事人的利益冲突，减少企业代理成本。债权代理成本作为代理成本的重要构成部分，也受到企业治理机制好坏的影响，良好的治理机制有利于缓解企业内部股东和管理层与外部债权人之间的利益冲突，减少债权代理成本。作为治理机制的一项重要补充机制，机构投资者同时具有企业大股东和资本市场监督者的双重身份，自身又拥有专业的研究团队和研究人员，在改善公司治理，提高企业价值方面也可以发挥一定的作用（Gillan and Starks，2003；Cornett et al.，2006）。首先，机构投资者持股可以参与公司治理，对企业管理层和其他大股东形成制衡和监督，对侵占债权人利益起到防范作用，如观察企业是否有资产替代、投资不足和债权稀释等行为，并对这些行为进行约束，提高企业整体治理水平，从而减少债权代理冲突；其次，机构投资者参与企业生产经营决策，对企业资本结构和融资决策产生影响，使企业融资方式、融资偏好和融资期限发生改变，从而直接影响企业资本结构和债务期限结构；最后，机构投资者有广泛的信息收集渠道和专业的分析能力，有利于企业信息传播，提高企业会计信息披露质量，减少企业内外信息不对称程度，缓解企业融资约束，降低企业对外融资难度，从而对债权代理成本产生影响。

随着研究的进一步发展，许多学者也发现，并不是所有机构投资者都能参与公司治理，并对上市企业治理结构和代理成本产生影响。不同类型机构投资者对企业投资目标、投资风格、持股偏好和持股时间都不相同，与上市企业之间联系的紧密程度也不一样，因此，不同类型机构投资者对上市企业公司治理参与程度存在差异，治理的效果也有区别（Brickley，1988；Hartzell and Starks，2003）。要对机构投资者的治理作用展开研究，首先就需要对不同类型机构投资者进行甄别。根据机构投资者与上市企业是否存在或潜在存在商业联系，可将其分为独立型（压力抵制型）机构投资者和非独立型（压力抵制型）机构投资者，这种分类有利于对机构投资者获利方式进行细分，一些机构投资者可以通过资本市场投资获得回报，另外一些机构投资者可以通过其他途径获利。非独立型机构投资者与上市企业存在或潜在存在商业关系：如企业年金和财务公司本身就是依附于上市企业而存在的，以企业作为依托，自有资金也来源于企业本身或企业职工缴纳；券商与被投资企业存在股票承销、财务顾问等业务，许多信托公司有金融集团或地方政府背景，且与券商合作较多；保险公司在持有上市企业股权的同时，还可能向上市企业提供保险业务。以上种种情况说明这些机构投资者与上市企业有着密切的商业联系，它们获利途径不仅来源于买卖股票的价差收入，还有一部分是来源于与上市公司商业交易的利润，为维护商业联系，这些机构投资者也不会随意出售股票。他们在参与公司治理时还必须考虑对管理层和股东过多的监督制约是否会导致双方关系恶化，以及衡量关系恶化所带来的损失，因此这些机构投资者不可能全心全意地从维护广大中小股东利益角度出发，干预企业不合理的决策和经营方针，也不能缓解股东、管理层与债权人之间的冲突（潘越等，2011；彭利达，2016）。

独立型机构投资者有证券投资基金、QFII 和社保基金，与上市企业无商业联系，此类机构投资者与企业之间基本仅有投资和被投资关系，而且这些机构投资者的利润主要来源于在资本市场上组合投资的收益，企业经营的好坏、是否能产生利润和企业整体价值是否增加就成为独立型机构投资者所关注的焦点（Easterbrook，1984；Myers，2000）。因此，独立型机构投资者有参与公司治理的动力，且在监督和约束企业管理层和大股东时也相对不受限制，没有维持良好商业关系的压力，能够较好地履行股东和外部市场监督者的双重职责。一方面，独立型机构投资者可以利用自身的专业优势和信息渠道优势，收集有关于上市企业的各种经营状况信息，对管理层发布的会计信息进行分析，并通过信号传递方式向公众传播，使企业外部广大投资者以较低成本得到尽可能详细的会计信息，提高了企业会计信息质量和信息披露的透明度（丁方飞和范丽，2009；杨海燕等，2012），从而缓解企业外部债权人与企业内部管理层信息的不对称程度，改善企业难以通过借债方式进行融资的情况，降低融资成本。另一方面，当独立型机构投资者充分参与公司治理，对股东和管理层实施监督时，可以从一定程度上限制股东和管理层侵占债权人利益行为，从而缓解他们与债权人之间的冲突。最后，如果上市企业在资本市场上表现不佳，独立型机构投资者可以自由减持手中的股份，对于企业来说也是一种压力，上市企业迫于此压力也会改善自身经营和治理水平以获得利润。因此，独立型机构投资者能够积极参与到上市企业治理中，改善企业治理水平，减少企业债权代理成本；而非独立型机构投资者则因业务因素受到限制，参与公司治理的效果大打折扣，对企业债权代理成本的影响也不大。基于以上分析，提出以下假设：

假设 4-1：独立型机构投资者持股能够参与公司治理，发挥治理作用，与上市企业债权代理成本成反比；非独立型机构投资者持股则不具有治理效果，与企业债权代理成本不相关。

根据对上市企业持股量的大小，又可将机构投资者分为集中持股型机构投资者和分散持股型机构投资者。集中持股是指机构投资者把资金集中持有于某一家或某几家上市企业，使得机构投资者对单家上市企业持股比例较高，从而成为上市企业的大股东，在企业生产经营决策中享有部分决策权，能够对企业产生重大影响。从维护自身利益角度看，由于集中持股型机构投资者将大量资金投资于某一家或某几家上市企业，导致他们与企业整体利益趋于一致，因此需积极参与公司治理，尽可能充分了解企业生产经营状况，并加以监督和管理。从参与公司治理成本和治理收益角度看，集中持股型机构投资者参与监督和管理的成本可以分摊，单位成本不高，比个人投资更具有成本上的优势，可以花费较小代价，获得较高回报。因此，集中持股型机构投资者参与公司治理动机更明显，意愿也更强烈。一般来说，机构投资者持股比例越高，对企业的影响力越大，参与公司治理的效果越好（Wahal and McConnell，2000；Comett et al.，2008；许绍双和田昆儒，2009；杨海燕和孙健，2011）。有些集中持股型机构投资者甚至可以凭借其大量持股，通过选举进入公司董事会，直接参与上市公司生产经营决策，改变原有董事会和管理者的策略，对企业各项生产经营方针、投融资决策和治理水平产生重大影响。一方面，集中持股型机构投资者可以对企业融资政策和融资偏好产生影响；另一方面，他们可以改善公司治理结构，监督企业管理层，促进上市企业信息披露更加公开透明，缓解股东、管理层和债权人之间的利益冲突，最终影响企业债权代理成本。

分散持股则是指机构投资者把资金分散投资于多家上市企业，使机构投资者对投资的上市企业持股比例较低，无法凭借其持股参与上市企业治理，只能通过“用脚投票”的方式参与公司治理。这类机构投资者除了对企业持股分散以外，往往具有频繁换手和短视投资的特点，偏好在资本市场中追高买低，而机构投资者本身庞大的资金规模特点又容易引起其他投资者的羊群效应，导致资本市场的剧烈波动，也不利于上市企业股价的稳定和长期可持续发展。分散持股型机构投资者的业务投资模式决定了这类机构投资者不可能通过企业价值投资获利，其获利模式是通过频繁更换持股企业获取收益，有时甚至会为了利益而与上市企业大股东和管理层合谋，操纵股价，损害其他股东和债权人的利益，最终使企业价值受到损失。有研究表明，当机构投资者持股比例越小，其参与公司治理的动机也越不明显，无法在公司治理中起到实质作用（杨海燕和孙健，2011；冯照桢和宋林，2013）。因此，分散持股型机构投资者不具有治理功能，对大股东和管理层起不到监督和约束作用，不能缓解企业各方当事人之间的利益冲突。基于以上分析，提出以下假设：

假设 4-2：集中持股型机构投资者持股能够参与公司治理，发挥治理作用，与上市企业债权代理成本成反比；分散持股型机构投资者持股则不具有治理效果，对企业债权代理成本无影响。

第二节　研究设计

一、变量选取

1. 被解释变量：企业债权代理成本（Debtagency）

以往的实证研究中，大部分学者都是采用某项单一指标来替代债权代理成本，如利息支出率、财务费用率，计算方法大同小异，都是采用企业利息支出率=利息支出/(长期借款+短期借款)，或财务费用率=财务费用/负债总额。这些指标作为衡量债权代理成本的原理是：当债权人预期到企业管理人员的侵权行为时，他们可能通过提高利息水平来补偿管理人员利益侵占行为造成的损失；企业存在较高的债权代理成本意味着企业较难通过对外借债进行融资，导致债务融资成本较高，从而债权人在为企业提供贷款时会要求较高的利息。因此利息支出的高低在一定程度上反映了企业在进行债务融资时所面临的代理冲突，以及代理冲突所导致企业付出的成本。通过利息支付率或财务费用率来衡量债权代理成本有一定的合理性，而且在实证中非常简便，但是缺点也很明显，企业利息率和财务费用受许多因素影响，不仅仅由企业融资难易程度和债权代理成本高低所决定，企业规模、收入情况、经营前景、外部融资市场发达程度和国家相关调控政策等都会对企业贷款利率产生影响，因此仅靠该指标来反映企业债权代理成本太单一，有一定的局限性。国外有学者（Paul，2009）采用了企业发行债券的加权平均收益率与同时期国有债券收益率之差作为衡量债权代理成本的指标，但我国上市企业通过发行企业债券进行融资的行为还不普遍，因此该指标并不适用于我国现实条件。国外还有些学者通过设计模型的方式来计量债权代理成本，但模型的设计往往过于复杂，且有较严格的假设条件，因此也不便于广泛运用在学术研究中。

本书收集了我国 A 股上市企业资产负债率、非流动负债率和财务费用率三个指标，对三个指标分别按行业年度取中位数，将资产负债率高于该指标中位数的定义为高资产负债率组，低于该指标中位数的定义为低资产负债率组；将非流动负债率高于该指标中位数的定义为高非流动负债率组，低于该指标中位数的定义为低非流动负债率组；将财务费用率高于该指标中位数的定义为高财务费用率组，低于该指标中位数的定义为低财务费用率组，这样分别得到上市企业资产负债率、非流动负债率和财务费用率的高低水平。将同时满足高资产负债率、高非流动负债率和高财务费用率条件的企业定义为高债务代理成本组，取值为 1，其他则为一般组，取值为 0，通过该种方式对上市企业进行分类，并从中定义出高债权代理成本的企业。通过这种方式来区分高债权代理成本企业的原理在于以下方面：

（1）债权代理成本是由债权人和股东之间利益冲突产生的，因此当企业负债越多，产生的债权代理成本也就越大，债权代理成本与企业资产负债率呈正相关关系。Jensen 和 Meckling（1976）在论文《企业理论：管理行为、代理成本与所有权结构》中就明确提出通过引入负债，可以减少股东和管理层之间的冲突以及股权代理成本，但是负债的增加又会引发新的代理问题，导致债权代理成本增加。二者之间的正相关关系在企业陷入财务困境的时候尤为明显，一方面企业承担了较高的负债率，但经营不善，手中所持有的现金流不足以偿还负债，另一方面企业又需融入新的资金来支撑企业持续生产经营和偿还之前所欠下的负债，一旦出现资金链断裂情况，企业便面临着破产倒闭风险，此时债权人所面临的风险极高。因此当企业资产负债率极高，甚至资不抵债时，所面临的债权代理成本也会达到较高水平。可以说，负债情况是判断债权代理成本高低的重要因素之一。

（2）企业的债务期限结构也与企业债权代理成本相关，短期负债可以抑制股东资产替代和过度投资行为，减少企业自由现金流量，起到监督管理层的作用，从而减少企业债权代理成本（Barnea et al.，1980；Jensen，1986；肖作平，2011；曹国华和林川，2013）。因此，企业债务期限与债权代理成本正相关，当企业非流动负债越多时，债权代理成本也越高。

（3）财务费用水平可以在一定程度上反映企业债权代理冲突的严重性，当企业面临着严重债权代理冲突时，企业难以通过对外借债进行融资，需要耗费比平时更多的成本来获取资金，因此企业债权代理成本与财务费用率成正比。

通过以上三个因素综合分析，当企业同时满足高资产负债率、高非流动负债率和高财务费用率时，可以判断该企业面临着严重的债权代理问题及高额的债权代理成本，将高债权代理成本的企业定义为1，其余为0，通过二分类 Logit 概率模型进行回归分析，实证研究债权代理成本的影响因素。

2. 解释变量：异质机构投资者持股

（1）独立型机构投资者持股（Independent）与非独立型机构投资者持股（Dependent）。根据 Brickley（1988）、Bushee（1998）、Chen 等（2007）、杨海燕等（2012）、徐寿福和李志军（2013）、彭利达（2016）等对机构投资者的分类方法，根据机构投资者是否与上市企业存在或潜在存在商业联系，将证券投资基金、QFII 和社保基金划分为独立型（压力抵制型）机构投资者，统计这三类机构投资者持股比例的总和；将券商、保险公司、信托公司、财务公司和企业年金划分为非独立型（压力敏感型）机构投资者，统计这五类机构投资者持股比例的总和。证券投资基金和 QFII 与委托的投资者是严格的信托代理关系，收益也来自对股票的买卖投资，因此证券投资基金和 QFII 追求的是企业因收益而增加企业价值，基金经理人有参与公司治理的动机；社保基金是在保证安全性的前提下追求资本的保值增值，具有价值投资和长期投资特点，因此也具有参与公司治理能力；券商、保险公司、信托公司、财务公司和企业年金往往与上市企业存在商业保险、财务顾问和代理、股票承销和信托等业务往来，因此在参与公司治理时会受到来自企业的压力，不能独立发挥公司治理作用。为控制机构投资者和企业债权代理成本的内生关联，分别将独立型机构投资者持股比例和非独立型机构投资者持股比例变量滞后一期。

（2）集中持股型机构投资者持股（Concentrate）与分散持股型机构投资者持股（Disperse）。借鉴高雷和张杰（2008）、罗栋梁（2010）、陈佳等（2016）的做法，本书首先收集了我国 A 股上市企业前十大股东信息，如果上市企业前十大股东中有一家机构投资者或几家机构投资者，说明机构投资者对这家上市企业的持股量大且集中，在企业生产经营中能够起到决策和监督作用，将这些机构投资者定义为对上市企业集中持股型机构投资者，统计这些机构投资者的持股比例或持股比例之和（Concentrate）；其余机构投资者则为分散持股型机构投资者，统计这部分机构投资者对上市企业的持股比例之和（Disperse）。为控制机构投资者和企业债权代理成本的内生关联，分别将集中持股型机构投资者持股比例和分散持股型机构投资者持股比例变量滞后一期。

3. 控制变量

在控制变量选取方面，主要考虑企业财务特征、治理状况、企业性质和外部环境等方面因素。其中，总资产（Asset）表示企业的资产规模；财务杠杆率（FL）表示企业财务风险；非流动负债率（Noncur）反映企业的资本结构；现金流动负债比率（Ope）反映企业的偿债能力；Z 指数（ZIndex）表示企业的股权集中程度；总资产周转率（Totassrat）考察企业资产营运效率；企业董事会规模（Directors）和独立董事比例（Indirect）是衡量公司治理水平指标；企业性质哑变量（ActCtrl）表示企业产权性质，国有企业取值为 0，其他性质企业取值为 1；ProvNum 表示企业总部所在地，为哑变量，中西部地区取值为 1，东部地区取值为 0。

综上所述，研究变量的定义和计算方法如表 4-1 所示。

表 4-1 变量定义和计算方法

变量类型	变量名称	变量符号	计算方法
被解释变量	债权代理成本	Debtagency	企业资产负债率、非流动负债率和财务费用率均高于行业中位数则取值为 1，其余为 0

续表

变量类型	变量名称	变量符号	计算方法
解释变量	独立型机构投资者持股比例	Independent	证券投资基金、QFII 和社保基金持股比例之和滞后一期
	非独立型机构投资者持股比例	Dependent	券商、保险公司、信托公司、财务公司和企业年金持股比例之和滞后一期
	集中持股型机构投资者持股	Concentrate	上市企业前十大股东中机构投资者持股比例之和滞后一期
	分散持股型机构投资者持股	Disperse	上市企业前十大股东中无机构投资者但有机构持股，对机构持股比例求和并滞后一期
控制变量	总资产	Asset	总资产的对数
	财务杠杆率	FL	（净利润+所得税费用+财务费用）/（净利润+所得税费用）
	非流动负债率	Noncur	非流动负债/负债合计
	现金流动负债比率	Ope	经营活动现金净流量/流动负债
	总资产周转率	Totassrat	主营业务收入/平均资产总额
	Z 指数	ZIndex	第一大股东持股比例/第二大股东持股比例
	企业董事会规模	Directors	企业董事会成员的总人数
	独立董事比例	Indirect	独立董事人数/董事会人数
	企业性质哑变量	ActCtrl	所有制虚拟变量，国有企业取值为 0，其他性质企业取值为 1
	企业总部所在地	ProvNum	总部所在地虚拟变量：东部地区取值为 0，中西部地区取值为 1
	年度虚拟变量	Dummy_year	用来控制年度因素的影响，研究年限为 2008～2017 年
	行业虚拟变量	Dummy_industry	用来控制行业因素的影响，按证监会行业分类标准，除去金融行业，共有 17 个行业

二、模型设计

为检验假设 4-1，即独立型和非独立型机构投资者对企业债权代理成本影响是否存在区别，构建模型一，因被解释变量是一个取值为 0 和 1 的离散变量，因此该模型采用 logit 概率模型：

$$
\begin{aligned}
Debtagency_{i,t} = \alpha &+ \beta_1 \times Independent_{i,t-1}/Dependent_{i,t} + \beta_2 \times Asset_{i,t} + \\
&\beta_3 \times FL_{i,t} + \beta_4 \times Noncur_{i,t} + \beta_5 \times Ope_{i,t} + \\
&\beta_6 \times Totassrat_{i,t} + \beta_7 \times ZIndex_{i,t} + \beta_8 \times Directors_{i,t} + \\
&\beta_9 \times Indirect_{i,t} + \beta_{10} \times ActCtrl_{i,t} + \beta_{11} \times ProvNum_{i,t} + \\
&\sum Dummy\_year + \sum Dummy\_industry + \varepsilon \qquad (4-1)
\end{aligned}
$$

为检验假设 4-2，即集中持股型和分散持股型机构投资者对企业债权代理成本的影响，构建模型二，该模型仍然是采用 logit 概率模型：

$$
\begin{aligned}
Debtagency_{i,t} = &\alpha + \beta_1 \times Concentrate_{i,t-1}/Disperse_{i,t} + \beta_2 \times Asset_{i,t} + \beta_3 \times FL_{i,t} + \\
&\beta_4 \times Noncur_{i,t} + \beta_5 \times Ope_{i,t} + \beta_6 \times Totassrat_{i,t} + \\
&\beta_7 \times ZIndex_{i,t} + \beta_8 \times Directors_{i,t} + \beta_9 \times Indirect_{i,t} + \\
&\beta_{10} \times ActCtrl_{i,t} + \beta_{11} \times ProvNum_{i,t} + \\
&\sum Dummy\_year + \sum Dummy\_industry + \varepsilon \qquad (4-2)
\end{aligned}
$$

其中，Indepedent 为独立型机构投资者持股比例总和滞后一期；Dependent 为非独立型机构投资者持股比例总和滞后一期；Concentrate 为集中持股型机构投资者持股比例总和滞后一期；Disperse 为分散持股型机构投资者持股比例总和滞后一期；Asset 为总资产的对数；FL 为财务杠杆；Noncur 为非流动负债率；Ope 为现金流动负债比率；Totassrat 为总资产周转率；ZIndex 为第一大股东持股比例与第二大股东持股比例之比；Directors 为公司董事会人数；Indirect 为独立董事与董事人数之比；ActCtrl 为企业性质哑变量，国有企业取值为 0，其他为 1；ProvNum 为企业总部所在地哑变量，东部取值为 0，中西部取值为 1；Dummy_year 为控制年度因素的哑变量；Dummy_industry 为控制行业因素的哑变量。

三、样本选择与数据来源

本书选择我国沪深两市 A 股 2008~2017 年的所有上市企业年度数据为初始样本，然后对初始样本做了如下处理：排除金融类企业样本；删除 ST 和 PT 企业；删除数据缺失样本；对样本中所有连续变量在 1%和 99%的水平上进行 winsorize 缩尾处理。最后得到以下几个样本：独立型机构投资者（证券投资基金、QFII、社保基金持股比例之和）观测值 9619，非独立型机构投资者（券商、保险公司、信托公司、财务公司和企业年金持股比例之和）观测值 5393；集中持股型机构投资者（前十大股东中有机构投资者的持股比例之和）观测值 9880，分散持股型机构投资者（企业有机构持股但机构投资者未进入前十大股东）观测值 3090。变量的数据均来自于锐思数据库，统计软件使用 Stata 14。

第三节　实证结果与分析

一、变量的描述性统计

表 4-2 和表 4-3 分别是独立型和非独立型机构投资者持股、集中持股型和分散持股型机构投资者样本变量的描述性统计。从表中可以看出，独立型机构投资者平均持股比例为 5.88%，非独立型机构投资者平均持股比例为 2.1%，说明独立型机构投资者虽然只有证券投资基金、QFII 和社保基金持股这三类，但持股规模高于非独立型机构投资者持股（券商、保险公司、信托公司、财务公司和企业年金）；集中持股型机构投资者平均持股比例为 14.51%，几乎是分散持股型机构投资者平均持股比例（7.38%）的两倍，说明这两类机构投资者在持股量上特点非常明显。各个样本其他控制变量的描述性统计数值之间区别不大，均值基本一致。其中，独立型和非独立型机构投资者样本中 Z 指数（ZIndex）之比均处于 16 左右，比例较高，说明两类样本中股东之间力量差异程度相似，集中持股型和分散持股型样本中 Z 指数（ZIndex）均值分别约为 11 和 31，说明这两类样本中该指标差异较大，对公司治理产生的影响不容忽视；董事会人数约为 13 人，独立董事比例处于 34%左右，符合我国对董事会和独立董事的相关规定。

表 4-2　独立型和非独立型机构投资者持股样本变量的描述性统计

变量	独立型机构投资者样本					非独立型机构投资者样本				
	观测值：9619					观测值：5393				
	最大值	最小值	均值	中位数	标准差	最大值	最小值	均值	中位数	标准差
Independent/Dependent	0. 3339	0. 0000	0. 0588	0. 0264	0. 0776	0. 0992	0. 0000	0. 0210	0. 0122	0. 0228
Asset	26. 1252	18. 8827	22. 6281	22. 5287	1. 2771	26. 1252	18. 8827	22. 5686	22. 5097	1. 3491
FL	8. 9617	-1. 0259	1. 5061	1. 1390	1. 3267	8. 9617	-1. 0259	1. 5189	1. 1394	1. 3795
Noncur	0. 7704	0. 0000	0. 2197	0. 1663	0. 1969	0. 7704	0. 0000	0. 2198	0. 1664	0. 1987
Ope	1. 7480	-0. 6279	0. 1728	0. 1174	0. 3184	1. 7480	-0. 6279	0. 1620	0. 1108	0. 3124
Totassrat	2. 9902	0. 0468	0. 7042	0. 5778	0. 5334	2. 9902	0. 0468	0. 7080	0. 5709	0. 5499
ZIndex	161. 6400	1. 0200	16. 5781	6. 1600	26. 8542	161. 6400	1. 0200	16. 7859	6. 5800	26. 5074
Directors	42. 0000	3. 0000	13. 2216	12. 0000	4. 2108	36. 0000	3. 0000	13. 2552	13. 0000	4. 1729
Indirect	66. 6700	13. 6400	34. 2963	33. 3300	9. 4818	66. 6700	13. 6400	34. 5187	33. 3300	9. 5278

注：Independent/Dependent、Indirect 是以%为单位。

表 4-3　集中持股型和分散持股型机构投资者持股样本变量的描述性统计

变量	集中持股型机构投资者样本					分散持股型机构投资者样本				
	观测值：9880					观测值：3090				
	最大值	最小值	均值	中位数	标准差	最大值	最小值	均值	中位数	标准差
Concentrate/Disperse	0. 7210	0. 0104	0. 1451	0. 0837	0. 1584	0. 7160	0. 0000	0. 0738	0. 0150	0. 1506
Asset	26. 2117	19. 0734	22. 4021	22. 3089	1. 3957	26. 0480	18. 6655	22. 2175	22. 0714	1. 3724
FL	8. 8938	-1. 0999	1. 4591	1. 1257	1. 2459	12. 4414	-1. 8917	1. 6599	1. 1715	1. 7929
Noncur	0. 7651	0. 0000	0. 2074	0. 1484	0. 1958	0. 7772	0. 0000	0. 1939	0. 1319	0. 1927
Ope	1. 5445	-0. 6462	0. 1700	0. 1163	0. 3177	1. 3945	-0. 7737	0. 1497	0. 1019	0. 3047
Totassrat	2. 9022	0. 0434	0. 7000	0. 5758	0. 5322	2. 9218	0. 0224	0. 7232	0. 5862	0. 5378
ZIndex	103. 2100	1. 0200	11. 5065	4. 9900	16. 6565	248. 1300	1. 0300	31. 0947	11. 9800	46. 2990
Directors	42. 0000	3. 0000	13. 1012	12. 0000	4. 2560	33. 0000	3. 0000	12. 8989	12. 0000	4. 1547
Indirect	60. 0000	13. 3300	34. 2924	33. 3300	9. 4705	63. 1600	13. 6400	34. 3930	33. 3300	9. 8132

注：Concentrate/Disperse、Indirect 是以%为单位。

二、变量相关性分析

表4-4、表4-5是各样本主要控制变量之间的相关系数，左下角是Pearson相关系数，右上角是Spearman相关系数。从表中可以看出，几个样本主要变量之间的相关系数都较低，不超过30%且显著，仅有非流动负债率与总资产规模之间、非流动负债率与总资产周转率之间的相关系数略高于30%，说明模型中多重共线性问题不明显。

表4-4 独立型和非独立型机构投资者持股样本主要变量间的Pearson和Spearman相关系数

变量	Asset	FL	Noncur	Ope	Totassrate	ZIndex	Director	Indirect
Asset	1	0.150***	0.374***	0.021**	-0.047***	0.028***	0.151***	-0.011
FL	0.074***	1	0.221***	-0.098***	-0.025**	0.030***	0.020**	0.017*
Noncur	0.323***	0.075***	1	0.077***	-0.409***	-0.018*	0.074***	-0.018*
Ope	-0.003	-0.084***	0.114***	1	0.073***	-0.004	-0.005	-0.036***
Totassrat	-0.014	-0.014	-0.371***	0.025**	1	0.065***	-0.021**	0.005
ZIndex	0.039***	0.049***	0.003	-0.003	0.047***	1	-0.092***	0.059***
Director	0.148***	0.033***	0.078***	0.003	-0.004	-0.045***	1	-0.288***
Indirect	-0.018*	-0.001	-0.037***	-0.045***	-0.005	0.054***	-0.302***	1

注：左下角是Pearson相关系数，右上角是Spearman相关系数，***、**、*分别表示在1%、5%、10%的水平上显著。

表4-5 集中持股型和分散持股型机构投资者持股样本主要变量间的Pearson和Spearman相关系数

变量	Asset	FL	Noncur	Ope	Totassrate	ZIndex	Director	Indirect
Asset	1	0.138***	0.396***	0.039***	-0.022**	0.054***	0.146***	-0.010
FL	0.065***	1	0.203***	-0.095***	-0.006	0.026***	0.030***	0.004
Noncur	0.347***	0.079***	1	0.079***	-0.382***	-0.012	0.090***	-0.030***
Ope	0.011	-0.079***	0.113***	1	0.070***	0.002	-0.013	-0.027***
Totassrate	0.000	-0.018**	-0.355***	0.018**	1	0.067***	-0.029***	-0.001
ZIndex	0.050***	0.055***	0.002	0.002	0.052***	1	-0.085***	0.047***
Director	0.133***	0.033***	0.091***	-0.008	-0.012	-0.039***	1	-0.294***
Indirect	-0.012	-0.004	-0.046***	-0.032***	-0.009	0.037***	-0.308***	1

注：左下角是Pearson相关系数，右上角是Spearman相关系数，***、**、*分别表示在1%、5%、10%的水平上显著。

三、实证结果及分析

1. 独立型和非独立型机构投资者持股对企业债权代理成本的影响

表4-6是对模型（4-1）的检测结果，该模型是采用logit概率模型，被解释变量债权代理成本（Debtagency）是取值为0和1的变量，取值为1表示高债权代理成本。从回归结果看，独立型机构投资者样本中Independent的系数为-2.1633并且在1%的水平上显著，说明独立型机构投资者持有上市公司股份后，能够参与公司治理并发挥作用，缓解外部债权人与内部股东和管理层之间的矛盾，具体表现为独立型机构投资者持股比例越高，企业债权代理成本取值为1的概率越低，即独立型机构持股者与企业债权代理成本呈负相关关系。非独立型机构投资者样本中Dependent的系数为0.7768但不显著，说明非独立型机构投资者参与公司治理程度不足，治理效果不明显，其持股对企业债权代理成本不产生影响。以上检验结果都较好地验证了假设4-1。

表4-6　独立型和非独立型机构投资者持股与企业债权代理成本

变量	被解释变量：企业债权代理成本 Debtagency	
	独立型机构投资者持股样本	非独立型机构投资者持股样本
截距	-15.2868*** (-19.42)	-15.5896*** (-13.99)
Independent/Dependent	-2.1633*** (-3.89)	0.7768 (0.41)
Asset	0.4291*** (15.72)	0.4408*** (11.80)
FL	0.2690*** (12.72)	0.2918*** (10.18)
Noncur	6.4494*** (30.79)	6.3334*** (22.56)
Ope	-1.3872*** (-11.63)	-1.5399*** (-9.57)

续表

变量	被解释变量：企业债权代理成本 Debtagency	
	独立型机构投资者持股样本	非独立型机构投资者持股样本
Totassrat	0.1245* (1.74)	0.0844 (0.85)
ZIndex	-0.0015 (-1.31)	-0.0001 (-0.04)
Director	0.0054 (0.69)	0.0069 (0.65)
Indirect	0.0025 (0.71)	0.0026 (0.55)
ActCtrl	-0.0477 (-0.66)	-0.0517 (-0.52)
ProvNum	0.4442*** (6.80)	0.4777*** (5.37)
年度	9619	5393
行业	0.2705	0.2774
N	9619	5393
Pseudo R^2	0.2700	0.2772

注：括号内为Z值；***、**、*分别表示在1%、5%、10%的水平上显著。

在控制变量方面，总资产规模（Asset）、财务杠杆系数（FL）和非流动负债比率（Noncur）与债权代理成本正相关，现金流动负债比率（Ope）与债权代理成本负相关，说明企业资产规模越大、杠杆率越高、非流动负债比率越高和偿债能力越差，企业债权代理成本取值为1的概率越高。企业总部所在地（ProvNum）的系数为正且在1%水平上显著，说明相较于东部地区企业，中西部地区企业债权代理成本较高，这可能是因为中西部地区市场化程度低，信息闭塞，企业融资难度更大，企业外部债权人与内部股东和管理层之间的冲突程度更为严重，因此中西部地区企业普遍面临着高债权代理成本问题。

2. 集中持股型与分散持股型机构投资者对企业债权代理成本的影响

表4-7是对模型（4-2）的检测结果，该模型也采用了logit概率模型，

被解释变量债权代理成本（Debtagency）是取值为 0 和 1 的变量，取值为 1 表示高债权代理成本。从回归结果看，集中持股型机构投资者样本中 Concentrate 系数为-0.3841 且在 10%水平上显著，说明集中持股型机构投资者持股量大，能够对上市公司治理施加影响，具体表现为集中持股型机构投资者持股比例与企业债权代理成本呈负相关关系，集中持股型机构投资者可以参与公司治理并缓解企业债权人和股东之间的矛盾冲突，有利于企业债权代理成本降低。分散持股型机构投资者样本中 Disperse 系数为-0.2425 但不显著，说明分散持股型机构投资者由于持股量小，对企业债权代理成本影响不大。以上检验结果较好地验证了假设 4-2。模型中控制变量系数方向和显著度与模型（4-1）的结果基本保持一致，总资产规模（Asset）、财务杠杆系数（FL）、非流动负债比率（Noncur）和企业总部所在地（ProvNum）系数为正且显著，现金流动负债比率（Ope）系数为负且显著。

表 4-7　集中持股型与分散持股型机构投资者与企业债权代理成本

变量	被解释变量：企业债权代理成本 Debtagency	
	集中持股型机构投资者持股样本	分散持股型机构投资者持股样本
截距	-14.8219*** (-16.99)	-12.3193*** (-9.91)
Concentrate/Disperse	-0.3841* (-1.80)	-0.2425 (-0.48)
Asset	0.3874*** (14.00)	0.3588*** (7.14)
FL	0.3181*** (12.85)	0.1499*** (5.85)
Noncur	6.1838*** (30.03)	6.3212*** (17.09)
Ope	-1.3625*** (-11.55)	-1.2705*** (-6.07)
Totassrat	-0.0199 (-0.26)	0.2506* (1.91)
ZIndex	0.0030 (1.60)	-0.0016 (-1.31)
Director	0.0149* (1.86)	-0.0110 (-0.70)

续表

变量	被解释变量：企业债权代理成本 Debtagency	
	集中持股型机构投资者持股样本	分散持股型机构投资者持股样本
Indirect	0.0008 (0.23)	-0.0056 (-0.84)
ActCtrl	-0.0057 (-0.08)	0.0768 (0.55)
ProvNum	0.4181*** (6.17)	0.6273*** (4.99)
年度	已控制	已控制
行业	已控制	已控制
N	9880	3090
Pseudo R^2	0.2737	0.2724

注：括号内为Z值；***、**、*分别表示在1%、5%、10%的水平上显著。

第四节　稳健性检验

1. 独立型和非独立型机构投资者与企业债权代理成本的稳健性检验

为保证本书研究结果的稳健性，本书还按照以往学者做法，以财务费用率为债权代理成本的代理变量，采用OLS普通最小二乘法回归模型，以同样的样本对模型（4-1）进行稳健性检验，稳健性检验模型如下：

$$\begin{aligned} Finratio_{i,t}/Intratio_{i,t} = {} & \alpha + \beta_1 \times Independent_{i,t-1}/Dependent_{i,t} + \beta_2 \times Asset_{i,t} + \\ & \beta_3 \times FL_{i,t} + \beta_4 \times Noncur_{i,t} + \beta_5 \times Accrate_{i,t-1} + \\ & \beta_6 \times Ope_{i,t} + \beta_7 \times Totassrat_{i,t} + \beta_8 \times ZIndex_{i,t} + \\ & \beta_9 \times Directors_{i,t} + \beta_{10} \times Indirect_{i,t} + \beta_{11} \times ActCtrl_{i,t} + \\ & \beta_{12} \times ProvNum_{i,t} + \sum Dummy\_year + \\ & \sum Dummy\_industry + \varepsilon \end{aligned} \quad (4-3)$$

其中，Finratio是财务费用率，为财务费用与负债总额之比；Intratio是利息支付率，为利息支出/（短期借款+长期借款+应付债券），其他控制变量与模型（4-1）和模型（4-2）一致。模型实证结果如表4-8所示，其中无论是采用财务费用比率还是利息支付率作为债权代理成本的代理变量，独立型机构投资者持股比例系数为负且分别在1%和10%的水平上显著，说明独立型机构投资者与企业债权代理成本呈负相关关系；非独立型机构投资者持股比例的系数一个为正但不显著，另一个为正且显著，说明非独立型机构投资者不仅不能降低企业债权代理成本，反而存在增加企业债权代理成本的可能，以上结论表明稳健性检验的结果与主模型基本一致，独立型和非独立型机构投资者影响企业债权代理成本的方向和显著度都是稳健的。

表4-8 独立型和非独立型机构投资者与企业债权代理成本

变量	被解释变量：企业债权代理成本 Finraio/ Intratio			
	独立型机构投资者持股样本		非独立型机构投资者持股样本	
	Finraio	Intratio	Finraio	Intratio
截距	-0.0062 (-1.44)	0.0652*** (3.50)	-0.0033 (-0.53)	0.0663*** (3.02)
Independent/ Dependent	-0.0222*** (-8.64)	-0.0189* (-1.77)	0.0103 (0.80)	0.1446*** (2.95)
Asset	0.0004** (2.32)	-0.0001 (-0.07)	0.0004* (1.67)	-0.0006 (-0.67)
FL	0.0038*** (23.44)	0.0018 (3.81)	0.0037*** (18.10)	0.0016*** (2.72)
Noncur	0.0276*** (20.51)	-0.0356*** (-7.27)	0.0229*** (11.28)	-0.0422*** (-6.94)
Ope	-0.0077*** (-7.58)	0.0089** (2.43)	-0.0109*** (-7.24)	0.0007 (0.18)
Totassrat	0.0020*** (4.00)	0.0004 (0.25)	0.0014* (1.93)	-0.0026 (-1.22)
ZIndex	-0.0000 (-0.00)	-0.0000 (-0.49)	0.0000* (1.88)	0.0000 (0.75)
Director	0.0001* (1.67)	0.0002 (0.96)	-0.0000 (-0.19)	0.0001 (0.30)
Indirect	0.0000 (1.02)	-0.0001 (-0.67)	-0.0000 (-0.17)	-0.0001 (-0.60)

续表

变量	被解释变量：企业债权代理成本 Finraio/ Intratio			
	独立型机构投资者持股样本		非独立型机构投资者持股样本	
	Finraio	Intratio	Finraio	Intratio
ActCtrl	0.0041*** (9.75)	0.0003 (0.17)	0.0049*** (8.00)	0.0030 (1.35)
ProvNum	0.0016*** (3.92)	0.0010 (0.61)	0.0010* (1.79)	0.0005 (0.21)
年度	已控制	已控制	已控制	已控制
行业	已控制	已控制	已控制	已控制
N	9619	9616	5393	5393
调整后的 R^2	0.2249	0.0281	0.2093	0.0383

注：括号内为T值；***、**、*分别表示在1%、5%、10%的水平上显著。

2. 集中持股型和分散持股型机构投资者与企业债权代理成本的稳健性检验

以上一系列实证模型中，解释变量和被解释变量之间存在相互影响关系，因此无论是二分法 logit 模型，还是最小二乘法 OLS 模型，都采用了解释变量滞后一期的方法来控制内生性问题，这也是比较常见的做法，但仍然不能解决样本选择偏误的问题。据前文所知，根据上市企业前十大股东中是否有机构投资者，将上市企业机构投资者分为集中持股型和分散持股型两类。由此可见，样本中上市企业只能处于一种状态（要么被集中持股型机构投资者所持股，要么被分散持股型机构投资者所持股）。参照 Heckman 等（1997）提出的倾向匹配得分法（PSM），以相同样本为研究对象，采用同样的分类方法，将样本中前十大股东有机构投资者设置为处理组，样本中前十大股东无机构投资者设置为控制组，通过匹配尽可能消除选择偏差，以得到更准确的效应评估。具体做法是：以企业债权代理成本为被解释变量；以机构持股（Inst）为解释变量，上市企业前十大股东有机构投资者持股 Inst 取值为 1，为处理组；上市企业前十大股东无机构投资者持股 Inst 取值为 0，为控制组；为使匹配结果更为精确，在主模型原有控制变量基础上，还增加了应收账款比率（Accrate）、账面市值比（PB）和第一大股东持股比例

（CR1）作为协变量进行匹配；对所有连续变量进行缩尾处理。

采用 Logit 模型寻找最佳协变量，估计处理组出现的概率。表 4-9 是 Logit 回归结果，从表中可以看出，所有控制变量中总资产周转率（Totassrat）、独立董事比例（Indirect）和企业总部所在地（ProvNmu）不显著，因此从协变量中剔除，保留总资产（Asset）、财务杠杆（FL）、非流动负债率（Noncur）、应收账款比率（Accrate）、现金流动负债比率（Ope）、账面市值比（PB）、第一大股东持股比例（CR1）、董事会规模（Director）和企业性质（ActCtrl）作为协变量进行匹配。

表 4-9 匹配模型的 Logit 回归结果

变量	变量 Logit 模型（Inst）			
	回归系数	Z 值	回归系数	Z 值
截距	-3.7426	(-7.59)***	-3.7545	(-7.86)***
Asset	0.2436	(10.75)***	0.2426	(10.94)***
FL	-0.1231	(-8.03)***	-0.1206	(-7.94)***
Noncur	0.3484	(2.37)**	0.3820	(2.77)***
Ope	0.3765	(4.79)***	0.3708	(4.78)***
Totassrat	-0.0361	(-0.77)	—	—
Accrate	0.7900	(3.43)***	0.7756	(3.44)***
PB	0 .0145	(3.67)***	0.0127	(3.49)***
CR1	-2.2775	(-14.23)***	-2.2623	(-14.24)***
Director	0.0168	(2.71)***	0.0160	(2.74)***
Indirect	-0.0007	(-0.27)	—	—
ActCtrl	0.1775	(3.48)***	0.1843	(3.65)***
ProvNum	0.0318408	(0.66)	—	—

注：括号内为 Z 值；** *、**、* 分别表示在 1%、5%、10%的水平上显著。

表 4-10 为对样本最近邻匹配效果进一步检验的结果，从表中可以看出，匹配后协变量的标准化偏差小于 10%；偏差减少幅度较大；除总资产（Asset）和账面市值比（PB）以外，其他协变量 T 检验的结果不拒绝处理组与控制组无系统差异的原假设。以上结果表明，处理组与控制组的匹配效果较好。

表 4-10　样本最近邻匹配平衡性检验

变量	样本匹配	均值		偏差（%）	偏差减少（%）	T 检验	
		处理组	控制组			T 值	P>|t|
Asset	未匹配	22. 264	22. 078	14. 5	68. 8	6. 34	0. 000
	匹配	22. 264	22. 206	4. 5		2. 85	0. 004
FL	未匹配	1. 4634	1. 6986	-15. 1	93. 1	-7. 34	0. 000
	匹配	1. 4634	1. 4472	1. 0		0. 79	0. 429
Noncur	未匹配	0. 20047	0. 18455	8. 4	99. 9	3. 64	0. 0000
	匹配	0. 20049	0. 20048	0. 0		0. 00	0. 997
Ope	未匹配	0. 16955	0. 14475	8. 0	97. 4	3. 44	0. 001
	匹配	0. 1694	0. 16876	0. 2		0. 13	0. 899
Accrate	未匹配	0. 13065	0. 12683	3. 5	98. 3	1. 5	0. 133
	匹配	0. 13067	0. 1306	0. 1		0. 04	0. 970
PB	未匹配	5. 014	4. 7218	3. 4	-157. 1	1. 59	0. 111
	匹配	4. 9987	5. 7501	-8. 7		-4. 27	0. 000
CR1	未匹配	0. 35011	0. 39319	-26. 8	97. 7	-11. 96	0. 000
	匹配	0. 35014	0. 34916	0. 6		0. 40	0. 692
Director	未匹配	13. 047	12. 715	8. 1	94. 0	3. 51	0. 000
	匹配	13. 048	13. 068	-0. 5		-0. 30	0. 914
ActCtrl	未匹配	0. 40821	0. 35105	11. 8	98. 5	5. 13	0. 000
	匹配	0. 40813	0. 40897	-0. 2		-0. 11	0. 914

注：除最近邻匹配平衡性检验，本书还进行了半径匹配和核匹配的平衡性检验，匹配结果均通过检验，为节约篇幅，省略这部分的平衡性检验结果。

表 4-11 是分别采用最近邻匹配（n=1 和 n=4）、半径匹配（r=0. 01）和核匹配（带宽为 0. 8）四种方法对机构持股影响企业债权代理成本进行分析的结果。从表中可以看出，除了最近邻匹配一对四（n=4）的组间平均处理效应（ATT）的均值差额为负且在 10%的水平上显著，其他匹配方法的组间平均处理效应（ATT）的均值差额均为负且在 5%的水平上显著，说明相较于分散持股型机构投资者（控制组），集中持股型机构投资者（处理组）会显著减少企业债权代理成本，验证了前文的假设。

表 4-11　机构持股对企业债权代理成本影响的 PSM 分析结果

匹配方法	变量	样本	处理组	控制组	均值差额	标准差	T 检验
最近邻匹配（n=1）	Debtagency	未匹配	0.1517	0.1503	0.0014	0.0082	0.17
		ATT	0.1517	0.1753	-0.02356	0.0112	-2.11
最近邻匹配（n=4）	Debtagency	未匹配	0.1517	0.1503	0.0014	0.0082	0.17
		ATT	0.1517	0.1686	-.01689	0.0094	-1.80
半径匹配（r=0.01）	Debtagency	未匹配	0.1517	0.1503	0.0014	0.0082	0.17
		ATT	0.1518	0.1691	-.01733	0.0088	-1.96
核匹配（带宽为 0.8）	Debtagency	未匹配	0.1517	0.1503	0.0014	0.0082	0.17
		ATT	0.1517	0.1741	-0.0224	0.0112	-2.00

第五节　本章小结

本章以我国 A 股上市企业 2008~2017 年数据为研究样本，实证检验了异质机构投资者对企业债权代理成本的影响。根据机构投资者与上市企业是否存在商业关系和持股量大小将机构投资者分为两大类：独立型和非独立型机构投资者、集中持股型和分散持股型机构投资者，分别研究不同类型机构投资者与企业债权代理成本之间的关系。

通过本章的研究结果可以发现，不同类型机构投资者在公司治理中所发挥的作用存在着差异，有些机构投资者能够发挥治理作用，有些则不具有治理作用，具体表现在以下两个方面：

第一，独立型和非独立型机构投资者对企业债权代理成本的影响不同。独立型机构投资者与上市企业无商业联系，在参与公司治理时可以全力监督企业管理层，与大股东形成制衡，影响企业生产经营，反对企业不合理决策，保护中小股东利益，在公司治理方面发挥了作用，可以降低企业债权代理成本；非独立型机构投资者则需要维持与上市企业之间的商业联系，不能对企业管理层和大股东形成有效监督和制衡，因此不具有治理作用，对企业债权代理成本也无影响。

第二，集中持股型和分散持股型机构投资者对企业债权代理成本的影响不同。集中持股型机构投资者对某家上市企业持股量大，是上市企业大股东，在企业生产经营决策中有一定影响力，能够在上市企业治理中发挥作用，改善治理结构，缓解企业各方利益相关者之间的矛盾冲突，降低债权代理成本；分散持股型机构投资者则对单家企业持股量小，在公司治理中几乎没有什么影响力，因此也不影响企业债权代理成本。

第五章 机构投资者影响企业债权代理成本：融资约束视角

本章是对第四章研究的延续，第四章从理论和实证上验证了异质机构投资者与企业债权代理成本之间的关系，发现独立型和集中持股型机构投资者具有治理效果，对企业债权代理成本产生影响，而非独立型和分散持股型机构投资者则不具有治理作用，对企业债权代理成本不产生影响。那么，这些异质机构投资者是通过何种途径机制进行传导，影响公司治理，并最终对企业债权代理成本产生影响的？企业债权代理成本是由于企业管理层和股东与外部债权人之间利益冲突而产生的，在二者之间信息不对称情况下，债权人为预防企业管理层和股东利益侵占风险而索要溢价，企业通过债权人借债进行融资的难易程度直接影响着企业债权代理成本。如果企业面临着信息不对称，并且受到严重的外部融资约束，意味着企业需要付出较高的融资成本获得融资，也意味着此时企业面临着较高的债权代理成本。因此，如果异质机构投资者参与公司治理，是否对企业信息不对称产生影响，是否作用于融资约束并进一步影响企业债权代理成本，这是本章需要探讨的问题。本章讨论异质机构投资者以独立型和非独立型机构投资者为代表。

第一节 理论分析与研究假设

机构投资者是我国资本市场的重要参与者，在资本市场和公司治理中日益发挥着举足轻重的作用。一方面，机构投资者作为上市企业股东，对企业相关信息有着强烈需求；另一方面，机构投资者具有持股量大、专业技术分析能力强和信息渠道广等优势。因此，机构投资者持有上市公司股份后，可以凭借其雄厚的资金实力、专业的分析能力和广泛的信息渠道，尽可能分析和挖掘企业内部各方面信息，并督促企业尽可能公开披露各类信息，有助于信息传播并减少企业和投资者之间信息不对称程度。相较于小股东来说，机构投资者更有话语权，能较大程度参与公司治理，改善公司治理结构和治理水平，缓解债权人、股东和管理层之间的冲突。许多研究都证明了机构投资者在降低信息不对称程度和代理成本方面发挥的积极作用，Shleifer 和 Visliny（1997）发现机构投资者存在利用投票权要求企业执行信息披露义务的行为；杨海燕等（2012）研究了中国 A 股上市公司的数据，发现机构投资者持股比例与企业信息披露透明度成正比；张弛（2013）从高管薪酬的角度出发，发现如果上市企业前十大股东有机构投资者，那么该企业治理机制更加完善，高管薪酬与其才能之间的相关性更显著，代理成本也越低。谭劲松和林雨晨（2016）、宋玉和陈芩（2017）、陈宁和彭晨宸（2018）等从机构调研的视角出发，搜集了机构投资者对上市企业调研数据，实证检验机构投资者对企业信息披露的治理效应，研究结果证明，机构投资者通过调研这一行为参与公司治理，可以改善企业治理水平并提高企业信息披露质量，缓解信息不对称。此外，从信号传递的角度看，当机构投资者获取企业相关信息，尤其是一些非公开渠道获得的私有信息，他们做出相应的投资决策并通过交易行为将信息传递给资本市场上的其他投资者，间接促进了这些信息公开化，从而降低企业与其他投资者之间的信息不对称程度。综上所述，机构投资者具有一定公司治理功能，可以起到信息传播作用，在一定程度上减少企业信息不对称程度。

虽然机构投资者具有治理功能，但并不是所有的机构投资者都能够参与公司治理。正如前文所述，机构投资者存在异质性，导致其参与公司治理的程度和效果也不一致。有些机构投资者可以充分参与公司治理，改善治理结构，并督促企业向公众披露会计信息，提高企业会计信息披露质量和透明度，使投资人尽可能了解企业相关信息，缓解企业内外部信息不对称问题；有些机构投资者则不参与公司治理，也不对企业进行监督，因而不具有治理功能。独立型机构投资者与上市企业不存在商业联系，在参与公司治理时可以不用考虑对上市企业商业关系的维护，因此可以全力督促企业管理层对外披露财务信息；非独立型机构投资者则需维护与上市企业的商业联系，在企业许多经营决策上不会过多干预，以免与企业关系恶化而带来损失。

假设 5-1：独立型机构投资者持股可参与公司治理，降低企业信息不对称程度，非独立型机构投资者持股则不具有该治理功能。

融资约束是企业在对外融资时，由于信息不对称、交易成本和代理成本等问题存在，导致内外部融资成本存在差异。融资约束一直是困扰各国许多企业的难题，只有在完美资本市场条件下，企业才有可能不受融资约束的困扰（Modigliani and Miller，1958）。但完美资本市场条件非常严格，要求资本买卖双方信息完全对称且不存在交易成本，企业可以自由进入资本市场选择任何融资方式，投资者是完全理性的，可以根据市场需求自由设计产品并出售给任意一家企业。但到目前为止，几乎没有一个国家的资本市场能够达到这些条件，也可以说所有企业都面临着不同程度的融资约束。此外，公司自身特征的差异也会导致企业面临“融资难”问题，企业规模、治理结构、不同产权性质和所在区域市场发达程度等都会影响到企业融资的难易程度。传统的融资理论认为，信息不对称和代理问题是企业产生融资约束的原因，本质上是融资双方供需不平衡。虽然企业经理人很清楚企业投资机会和现有资产状况，但企业外部投资人对此并不了解，不能准确判断是否可以进行投资，导致企业在面临一些净现值为正的项目时资金需求得不到满足，只能放弃这些投资机会（Myers and Majluf，1984；Greenwald and Stiglitz，1984）。此外，在企业内外部信息不对称情况下，作为委托人的外部投资者并不了解经理人是否会全力履行他们的委托责任，还是会通过各种自利行为利益侵占，投资者只能通过索要更高的溢价来弥补这种不确定的损失，从而形成高额的外部融资成本，最终导致融资约束（Bernanke and Gertler，1989；Gertler，1992），并且信息不对称程度越高，融资约束程度越高。因此，减少资金供给者与企业之间信息不对称程度和代理成本就成为了缓解企业融资约束的有效措施，而解决上述问题的有效方法是建立良好的公司治理机制。良好的股权结构、董事会和监事会运作机制以及监管和激励机制，有利于企业内部权力相互制衡和监督，激励董事与经理努力为企业创造价值，减少代理成本并提高治理效率。鉴于我国机构投资者发展壮大以及相关制度逐渐完善，其在促进市场稳定、完善公司治理结构方面的功能也逐渐被重视起来。

机构投资者持股后参与公司治理，可以在一定程度上提高会计信息披露质量，减轻企业和投资人信息不对称程度，从而缓解企业融资约束。由于机构投资者存在异质性，因此机构投资者发挥治理功能也不一致。独立型机构投资者与上市企业不存在商业联系，可以全力参与公司治理，发挥治理作用，减轻企业信息不对称程度，缓解企业融资约束；非独立型机构投资者则需要维护与上市企业的商业联系，参与公司治理程度较低，因此不具有缓解企业融资约束作用。基于以上分析，提出以下假设：

假设 5-2：独立型机构投资者持股可以减轻企业信息不对称程度，并且缓解企业融资约束，非独立型机构投资者持股与企业融资约束不相关。

相较于国外成熟的金融资本市场，我国资本市场还不够发达，上市企业的融资渠道较为单一，也很少通过发行债券进行融资，同时银行信贷管理制度严格，企业从银行获得贷款需要经过一系列复杂的审批手续，因此我国企业面临着更为严峻的融资约束问题。融资约束的存在会导致企业偏离最优投资水平，使企业因较高的外部融资成本和交易费用而不得不放弃一些有价值的投资项目，制约企业发展壮大（Stiglitz and Weiss，1981）。融资约束产生原因在于企业内外部信息不对称，作为委托方的债权人不了解企业经营状况和项目所面临风险，而作为代理人的企业股东和管理层又有可能因自身利益最大化而侵占债权人利益，在债权人面临双重风险的情况下，可能会要求一个较高的利率水平来弥补风险可能带来的损失（Jensen and Meckling，1976），由此而来的高利率溢价便形成了因债权人与股东和经理人之间冲突而产生的债权代理成本。因此，在受到融资约束情况下，如果企业仍然需要资金进行投资，就需要花费更高的融资成本，也面临着更高的债权代理成本。

综上所述，融资约束是形成债权代理成本的因素之一，机构投资者参与公司治理后，对企业融资约束产生影响，是否能够进一步影响企业债权代理成本？从资本结构角度考虑，如果机构投资者具有治理效应，缓解企业融资约束，可以降低企业通过对外借债进行融资的难度，减少因融资约束而支付的融资成本溢价，同时影响企业资本结构，在一定程度上影响企业的融资决策和融资偏好，从而间接对企业负债和债权代理成本产生影响。有些学者已经证明了机构投资者持股对企业资本结构的影响（Grie and Zychowicz，

1994；罗栋梁，2010）。从信息不对称的角度考虑，机构投资者持股参与公司治理后可以促进上市企业对外公开信息，并可以充当信息传播的中介，有利于提高企业信息披露透明度，从而减少债权人和企业内部之间信息不对称程度，缓解融资约束，进一步减少企业因融资约束而产生的债权代理成本。从治理结构的角度考虑，机构投资者参与公司治理后可以对企业大股东和管理层实施有效监督和制约，对企业不合理决策提出反对意见，在一定程度上阻止大股东和管理层侵占债权人利益的行为，从而缓解大股东和管理层与债权人之间的利益摩擦，缓解企业融资约束并减少企业债权代理成本。

如前文所述，机构投资者的异质性导致其在公司治理中发挥的作用不同，因此不同类型机构投资者对企业融资约束和债权代理成本的影响也存在差异。独立型机构投资者具有治理效应，能够对企业融资约束产生影响，并减少债权代理成本，而非独立型机构投资者不具有治理效应。基于以上分析，进一步提出以下假设：

假设 5-3：独立型机构投资者持股可以减轻企业融资约束，进而减少企业因融资约束而产生的债权代理成本；非独立型机构投资者持股则不具有此治理功能。

第二节　研究设计

一、变量选取

1. 被解释变量

（1）企业信息不对称（IA）。以往学者衡量企业内外部信息不对称程度指标方法有以下几种：一是会计稳健性，会计越稳健，企业信息不对称程度越低，因此采用稳健性指标作为信息不对称的代理变量（Wang，2006；La Found and Watts，2008；Hu et al.，2014）；二是分析师关注度或报告关注度（Ng，2011；Lang and Maffett，2011），如果一家企业被许多分析师频繁研究并对外公布研究报告，意味着企业相关信息对外传播途径更广，被外界了解可能性也越大，信息不对称程度就越低；三是采用深交所对上市公司信息披露考评等级，该指标是深交所根据企业信息披露的及时性、准确性和完整性对企业进行评级，有一定的权威性，国内也有不少学者采用该指标来衡量企业信息披露质量和信息不对称程度（曾颖和陆正飞，2006；高雷和宋顺林，2007）；四是采用分析师预测收益离差来衡量信息不对称程度，当企业内外部信息越不对称，分析师因缺少相关信息对每股收益的预测离差也越大（Autore and Kovacs，2009；李勇和胡非凡，2016）。本书采用国泰安数据库中企业的研究报告数量作为信息不对称的代理变量，研究报告数量越多，则意味着企业信息不对称程度越低，为方便理解，对该指标取相反数。取相反数后，该指标越大则表示信息不对称程度越严重。

（2）企业融资约束指数（KZ）。在以往实证研究中，各学者对融资约束的衡量标准和代理变量的选取并不一致，常见方法有：单指标法，根据企业某一项指标取值高低来判断融资约束的程度，如股利支付情况、公司规模、利息保障倍数、财务松弛、债券信用评级和股权结构等；多指标构建融资约束指数，选取企业某些财务指标，通过多元判别分析法、Ordered Logit 模型构造法和 Fisher 判别函数等方法构建融资约束指数，如 KZ（Kaplan and Zingales，1997）、WW（White and Wu，2006）和 SA（Hadlock and Pierce，2010）指数；模型的量化，Fazzari 等（1988）和 Almeida 等（2004）分别用投资—现金流敏感度和现金—现金流敏感度来衡量企业融资约束程度的高低；还有些学者采用股票日收益的残差波动率作为衡量企业信息不对称程度的指标，进而衡量企业融资约束程度（Kumbhaka et al.，1999；Eberhart，2001）。本书选取 KZ 指数作为衡量融资约束的指标：

$$KZ = -1.002 \times Cashflow + 0.283 \times Q + 3.139 \times Dbastrt - 39.368 \times DIV - 1.315 \times Cashholding \quad (5-1)$$

其中，Cashflow 为经营活动产生的现金流净额与总资产之比；Q 为托宾 Q 值；Dbastrt 为资产负债率；DIV 为股利支付率；Cashholding 为标准化的现金持有。KZ 指数越大，则融资约束程度越严重。

（3）企业债权代理成本（Debtagency）。本章采用债权代理成本指标计算方法与第四章相同，将高资产负债率、高非流动负债率和高财务费用率的企业定义为高债权代理成本组，取值为 1，其余取值为 0。

2. 解释变量

（1）异质机构投资者持股。本章对异质机构投资者的分类和统计与第四章相同，即将机构投资者分为独立型和非独立型机构投资者，统计这两类机构投资者持股比例并滞后一期。

（2）异质机构投资者持股与融资约束交叉项。交叉项（Inter）为异质机构投资者持股比例滞后一期与企业融资约束指数（KZ）的乘积，衡量机构投资者在企业不同外部融资约束水平下对企业债权代理成本的影响。本书认为，融资约束越大，企业债权代理成本越大，因此融资约束指数与企业债权代理成本呈负相关关系；异质机构投资者如果具有公司治理作用，则可以在一定程度上改善企业融资约束，减轻债权人和企业内部股东与管理层之间的矛盾冲突和信息不对称程度，从而进一步减少企业债权代理成本，因此独立型机构投资者持股比例滞后一期与企业融资约束交叉项的系数应为负。

3. 控制变量

在控制变量选取方面，主要考虑企业财务特征、治理状况、企业性质和外部环境等方面因素。其中总资产（Asset）表示企业资产规模；财务杠杆率（FL）表示企业财务风险；资产负债率（Dbastrt）和非流动负债率（Noncur）反映企业的资本结构；营运资金比率（Workcap）和现金流动负债比率（Ope）反映企业偿债能力；Z 指数（ZIndex）表示企业的股权集中程度；总资产收益率（ROA）反映企业盈利能力；总资产周转率（Totassrat）考察企业资产营运效率；企业董事会规模（Directors）和独立董事比例（Indirect）是衡量公司治理水平指标；TurnR（年换手率）和 YR（年累积收益率）表示企业个股在资本市场表现；企业性质哑变量（ActCtrl）表示企业产权性质，国有企业取值为 0，其他性质企业取值为 1；ProvNum 表示企业总部所在地，为哑变量，中西部地区取值为 1，东部地区取值为 0。

综上所述，研究变量定义和计算方法如表 5-1 所示。

表 5-1 变量定义和计算方法

变量类型	变量名称	变量符号	计算方法
被解释变量	信息不对称	IA	国泰安披露上市企业研究报告数量的相反数
	融资约束指数	KZ	$KZ = -1.002 \times Cashflow + 0.283 \times Q + 3.139 \times Dbastrt - 39.368 \times DIV - 1.315 \times Cashholding$
	债权代理成本	Debtagency	企业资产负债率、非流动负债率和利息支出率均高于行业中位数则取值为 1，其余为 0
解释变量	独立型机构投资者持股比例	Independent	证券投资基金、QFII 和社保基金持股比例之和滞后一期
	非独立型机构投资者持股比例	Dependent	券商、保险公司、信托公司、财务公司和企业年金持股比例之和滞后一期
	机构持股与融资约束交叉项	Inter	独立型和非独立型机构持股比例滞后一期分别与融资约束的乘积
控制变量	总资产	Asset	总资产的对数
	资产负债率	Dbastrt	负债总额/资产总额
	营运资金比率	Workcap	（流动资产-流动负债）/总资产
	Z 指数	ZIndex	第一大股东持股比例/第二大股东持股比例
	年换手率	TurnR	企业对外流通的股票日换手率之和
	年累积收益率	YR	（日收益率+1）累乘再减 1
	财务杠杆率	FL	（净利润+所得税费用+财务费用）/（净利润+所得税费用）
	总资产收益率	ROA	净利润/资产总额
	非流动负债率	Noncur	非流动负债/负债合计
	现金流动负债比率	Ope	经营活动现金净流量/流动负债
	总资产周转率	Totassrat	主营业务收入/平均资产总额
	市值账面比	PB	股票市值/股东权益总额
	独立董事比例	Indirect	独立董事人数/董事会人数
	企业董事会规模	Directors	企业董事会成员的总人数
	企业性质哑变量	ActCtrl	所有制虚拟变量，国有企业取值为 0，其他性质企业取值为 1
	企业总部所在地	ProvNum	总部所在地虚拟变量：东部地区取值为 0，中西部地区取值为 1

续表

变量类型	变量名称	变量符号	计算方法
控制变量	年度虚拟变量	Dummy_year	用来控制年度因素的影响，研究年限为 2008~2017 年
	行业虚拟变量	Dummy_industry	用来控制行业因素的影响，按证监会行业分类标准，除去金融行业，共有 17 个行业

二、模型设计

为检验假设 5-1，即独立型和非独立型的机构投资者持股对信息不对称的影响，构建以下 OLS 回归模型：

$$IA_{i,t} = \alpha + \beta_1 \times Independent_{i,t-1}/Dependent_{i,t-1} + \beta_2 \times Asset_{i,t} + \beta_3 \times Dbastrt_{i,t} + \beta_4 \times Workcap_{i,t} + \beta_5 \times ZIndex_{i,t} + \beta_6 \times Indirect_{i,t} + \beta_7 \times Director_{i,t} + \beta_8 \times TurnR_{i,t} + \beta_9 \times YR_{i,t} + \beta_{10} \times ActCtrl_{i,t} + \sum Dummy - year + \sum Dummy\_industry + \varepsilon \quad (5-2)$$

为检验假设 5-2，即独立型和非独立型机构投资者持股对企业融资约束的影响，构建以下 OLS 回归模型：

$$KZ_{i,t} = \alpha + \beta_1 \times Independent_{i,t-1}/Dependent_{i,t-1} + \beta_2 \times Asset_{i,t} + \beta_3 \times FL_{i,t} + \beta_4 \times ROA_{i,t} + \beta_5 \times Workcap_{i,t} + \beta_6 \times ZIndex_{i,t} + \sum Dummy\_year + \sum Dummy\_industry + \varepsilon \quad (5-3)$$

为检验假设 5-3，即独立型和非独立型机构投资者通过融资约束对企业债权代理成本的影响，在第四章模型（4-1）基础上加入机构持股滞后一期与融资约束交叉项（Inter）和融资约束项（KZ）作为解释变量，建立以下 Logit 概率模型：

$$Debtagency_{i,t} = \alpha + \beta_1 \times Inter_{i,t-1} + \beta_2 \times KZ_{i,t} + \beta_3 \times Independent_{i,t}/Dependent_{i,t} + \beta_4 \times Asset_{i,t} + \beta_5 \times FL_{i,t} + \beta_6 \times Noncur_{i,t} + \beta_7 \times Ope_{i,t} + \beta_8 \times Totassrat_{i,t} + \beta_9 \times ZIndex_{i,t} + \beta_{10} \times Directors_{i,t} + \beta_{11} \times Indirect_{i,t} + \beta_{12} \times ActCtrl_{i,t} + \beta_{13} \times ProvNum_{i,t} + \sum Dummy\_year + \sum Dummy\_industry + \varepsilon \quad (5-4)$$

其中，Inter 项分别为独立型和非独立型机构投资者持股比例滞后一期与融资约束的乘积项。

三、样本选择与数据来源

本章对数据选取和处理方法与第四章相同，采用我国沪深两市 A 股 2008~2017 年所有上市企业年度数据为初始样本，然后对初始样本做了如下处理：排除金融类企业样本；删除 ST 和 PT 企业；删除数据缺失样本；对样本连续变量在 1%水平上进行 winsorize 缩尾处理。样本数量分别为：独立型机构投资者（证券投资基金、QFII、社保基金持股比例之和）观测值 7691，非独立型机构投资者（券商、保险公司、信托公司、财务公司和企业年金持股比例之和）观测值 4644。变量的数据均来自于锐思数据库和国泰安数据库，统计软件使用 Stata 14。

第三节　实证结果与分析

一、变量的描述性统计

表 5-2 是各个变量的描述性统计。从表中可以看出，独立型和非独立型机构投资者样本中信息不对称指数和融资约束指数的统计量差别不大，说明两类样本中上市企业面临着相同程度信息不对称和融资约束问题。各样本其他控制变量的描述性统计数值之间区别不大，均值基本一致。另外本章还计算了主要变量的 Pearson 和 Spearman 相关系数（限于篇幅，相关系数表略去），绝大多数变量的相关系数都不超过 30%，说明变量之间的多重共线性情况不严重。

表 5-2　独立型和非独立型机构投资者持股样本变量的描述性统计

变量	独立型机构投资者样本					非独立型机构投资者样本				
	观测值：7691					观测值：4644				
	最大值	最小值	均值	中位数	标准差	最大值	最小值	均值	中位数	标准差
Independent/Dependent	0. 3339	0. 0000	0. 0635	0. 0280	0. 0827	0. 0992	0. 0004	0. 0211	0. 0122	0. 0229
IA	105. 0000	1. 0000	19. 4575	11. 0000	21. 9420	105. 0000	1. 0000	19. 0743	11. 0000	21. 8888
Dbastrt	0. 9197	0. 0860	0. 5190	0. 5296	0. 1885	0. 9865	0. 0892	0. 5254	0. 5343	0. 1884
TurnR	1645. 6350	17. 2842	449. 5608	373. 0770	340. 0852	1710. 6290	22. 9653	457. 3495	375. 1160	331. 9176
YR	2. 3904	-0. 7539	0. 1422	-0. 0043	0. 5940	2. 3355	-0. 7347	0. 1363	-0. 0021	0. 5765
KZ	3. 8267	-30. 6836	-1. 9464	-0. 1260	5. 9007	5. 9274	-30. 2361	-1. 6985	0. 0516	5. 8175
Asset	26. 1252	18. 8827	22. 5735	22. 4638	1. 2613	26. 1252	18. 8827	22. 5285	22. 4448	1. 3469
FL	8. 9617	1. 0259	1. 5140	1. 1390	1. 3377	8. 9617	-1. 0259	1. 5270	1. 1372	1. 3950
ROA	31. 2607	-19. 1832	4. 1504	3. 3471	5. 5461	31. 2607	-19. 1832	3. 6741	3. 1563	5. 7553
Workcap	0. 7057	-0. 6387	0. 1239	0. 1198	0. 2325	0. 7057	-0. 6387	0. 1165	0. 1164	0. 2411
Noncur	0. 7704	0. 0000	0. 2182	0. 1629	0. 1983	0. 7704	0. 0000	0. 2189	0. 1634	0. 1997
Ope	1. 7480	-0. 6279	0. 1774	0. 1207	0. 3226	1. 7480	-0. 6279	0. 1647	0. 1107	0. 3157
Totassrat	2. 9902	0. 0468	0. 7203	0. 5954	0. 5396	2. 9902	0. 0468	0. 7171	0. 5800	0. 5539
ZIndex	161. 6400	1. 0200	17. 4464	6. 7000	27. 7287	161. 6400	1. 0200	17. 4179	6. 8500	27. 2586
Director	42. 0000	3. 0000	13. 2288	13. 0000	4. 1884	36. 0000	3. 0000	13. 2647	13. 0000	4. 1559
Director	66. 6700	13. 6400	34. 4494	33. 3300	9. 5645	66. 6700	13. 6400	34. 6204	33. 3300	9. 6001

注：Independent/Depndent、ROA、Indirect 是%为单位；因 TurnR 和 YR 存在少量缺失值，其中模型（5-2）的变量 IA、Dbastrt、TurnR 和 YR 的独立型和非独立型机构持股样本量分别为 7649 和 4199。

二、实证结果及分析

1. 独立型和非独立型机构投资者与企业信息不对称

表 5-3 是对模型（5-2）的检测结果。该模型采用 OLS 回归模型，被解释变量是企业信息不对称程度。从表中可以看出，独立型机构投资者持股比例系数为-127. 1461 且在 1%的水平上显著，非独立型机构投资者持股比例系数为-16. 5717，但不显著，说明独立型机构投资者持股能够参与公司治理，促进企业对外传播信息，减轻企业内外部信息不对称程度，而非独立型

机构投资者则不具有该治理功能。在控制变量方面，两类样本中总资产（Asset）、营运资金比率（Workcap）、年累积收益率（YR）与企业信息不对称程度成反比；资产负债率（Dbastrt）和换手率（TurnR）与企业信息不对称程度成正比；企业性质（ActCtrl）系数为负且显著，说明相较于私营企业，国有企业的内外部信息不对称情况更严重。

表 5-3　独立型和非独立型机构投资者持股与企业信息不对称

变量	被解释变量：企业信息不对称 IA	
	独立型机构投资者持股样本	非独立型机构投资者持股样本
截距	184. 1751*** (33. 58)	212. 3012*** (25. 20)
Independent/Dependent	-127. 1461*** (-42. 17)	-16. 5717 (-1. 33)
Asset	-8. 6277*** (-35. 85)	-10. 0062*** (-28. 26)
Dbastrt	18. 8400*** (13. 81)	22. 2996*** (11. 05)
Workcap	-2. 5724** (-2. 44)	-7. 4464*** (-4. 45)
ZIndex	0. 0095 (1. 44)	0. 0592*** (5. 75)
Indirect	-0. 0267 (-1. 26)	-0. 0166 (-0. 52)
Director	-0. 0790* (-1. 71)	-0. 0812 (-1. 09)
TurnR	0. 0023*** (3. 31)	0. 0058*** (5. 62)
YR	-7. 8580*** (-14. 53)	-6. 1773*** (-7. 52)
ActCtrl	-2. 5815*** (-6. 32)	-2. 1122*** (-3. 25)
年度	已控制	已控制
行业	已控制	已控制
N	7649	4199
调整后的 R^2	0. 4732	0. 2893

注：括号内为 T 值；***、**、* 分别表示在 1%、5%、10%的水平上显著。

2. 独立型和非独立型机构投资者持股对企业融资约束的影响

表 5-4 是对模型（5-3）的检测结果。该模型是采用 OLS 回归模型，被解释变量企业融资约束指数 KZ。从回归结果看，独立型机构投资者持股比例 Independent 系数为-9.4012 且在 1%的水平上显著，说明该类机构投资者参与公司治理后具有信息传播作用，能够减轻企业内外部信息不对称程度，缓解企业融资约束；非独立型机构投资者持股比例 Dependent 系数为-2.4569，但不显著，说明此类机构投资者对企业融资约束无影响，以上结果较好地检验了本章假设 2。在控制变量方面，两类样本控制变量的回归系数方向和显著度基本一致。企业资产规模（Asset）、总资产收益率（ROA）和营运资金比率（Workcap）的系数为负且基本都显著，财务杠杆（FL）的系数为正且显著，说明企业资产规模越大、营运资金越充足、总资产收益率越大、财务杠杆系数越小，企业受到融资约束的程度越小。

表 5-4 独立型和非独立型机构投资者持股与企业融资约束

变量	被解释变量：企业融资约束 KZ	
	独立型机构投资者持股样本	非独立型机构投资者持股样本
截距	26.5406*** (21.10)	29.6119*** (17.33)
Independent/Dependent	-9.4012*** (-10.04)	-2.4569 (-0.80)
Asset	-1.1306*** (-20.60)	-1.2998*** (-17.09)
FL	0.4406*** (19.21)	0.4972*** (14.85)
ROA	-0.4869*** (-26.23)	-0.4383*** (-19.14)
Workcap	-2.2001*** (-7.63)	-2.7344*** (-5.98)
ZIndex	-0.0002 (-0.16)	0.0026 (1.31)
年度	已控制	已控制
行业	已控制	已控制
N	7691	4644
调整后的 R^2	0.3906	0.3517

注：括号内为 T 值；***、**、* 分别表示在 1%、5%、10%的水平上显著。

3. 独立型和非独立型机构投资者持股与企业债权代理成本——以融资约束为视角

表 5-5 是对模型（5-4）的检测结果，主要考察异质机构投资者对企业债权代理成本产生影响的路径，即异质机构投资者是否可以通过融资约束这一中间机制影响企业债权代理成本。该模型都是采用 Logit 概率模型，被解释变量债权代理成本（Debtagency）是取值为 0 和 1 的变量，取值为 1 表示高债权代理成本。从表 5-5 回归的结果看，无论是独立型还是非独立型机构投资者样本，融资约束指数（KZ）的系数都为正且在 1%的水平上显著，说明当企业受到的融资约束越大，企业债权代理成本取值为 1 的概率越大，即企业融资约束程度增加会引起企业债权代理成本增加，融资约束与债权代理成本呈正相关关系。独立型机构投资者持股比例与融资约束指数交叉项 Inter 的系数为-0.0737 且在 10%的水平上显著，说明独立型机构投资者可以缓解融资约束，进而有效减少企业债权代理成本；非独立型机构投资者持股比例与融资约束指数交叉项 Inter 的系数为-0.6584，但不显著，说明此类机构投资者参与公司治理的效果不明显，对企业债权代理成本也无影响。

表 5-5 独立型和非独立型机构投资者持股交叉项与企业债权代理成本

变量	被解释变量：企业债权代理成本 Debtagency	
	独立型机构投资者持股样本	非独立型机构投资者持股样本
截距	−16.6944*** (−18.50)	−17.1483*** (−14.28)
Inter	−0.0737* (−1.73)	−0.6584 (−1.33)
KZ	0.1108*** (7.30)	0.1304*** (5.16)
Independent/Dependent	−0.8230 (−1.37)	1.1873 (0.57)
Asset	0.4982*** (15.02)	0.5286*** (11.63)
FL	0.2298*** (9.61)	0.2408*** (7.58)

续表

变量	被解释变量：企业债权代理成本 Debtagency	
	独立型机构投资者持股样本	非独立型机构投资者持股样本
Noncur	6.1562*** (25.99)	6.0674*** (20.40)
Ope	−1.0161*** (−7.24)	−1.0261*** (−5.61)
Totassrat	0.2052** (2.53)	0.1394 (1.27)
ZIndex	−0.0018 (−1.43)	−0.0015 (−0.86)
Director	0.0029 (0.75)	0.0027 (0.51)
Indirect	0.0042 (0.46)	0.0068 (0.56)
ActCtrl	−0.0900 (−1.07)	−0.1628 (−1.46)
ProvNum	0.4458*** (5.92)	0.4726*** (4.82)
年度	已控制	已控制
行业	已控制	已控制
N	7691	4644
Pseudo R^2	0.2871	0.2977

注：括号内为 Z 值；***、**、* 分别表示在 1%、5%、10%的水平上显著。

综合以上研究结果，不同类型的机构投资者对企业融资约束、债权代理成本的影响不同，独立型机构投资者参与公司治理，能够缓解企业融资约束，从而进一步减少企业因融资约束产生的债权代理成本，而非独立型机构投资者则不具有治理功能，对企业融资约束和债权代理成本不产生作用。这些结论都较好地验证了本章假设 5-3。

第四节 稳健性检验

1. 独立型/非独立型机构投资者与企业信息不对称

参照以往学者做法，采用深圳证券交易所网站披露的上市企业信息考评结果，作为衡量信息不对称的代理变量来进行稳健性检验。因深交所仅披露在其上市企业信息考评等级，因此本部分稳健性检验仅涉及在深交所上市企业。深交所将上市企业信息披露考核分为 A（优秀）、B（良好）、C（合格）、D（不合格）四个等级，当企业对外披露信息越及时、越准确和越完整时，则企业内外信息不对称程度越低，因此从披露等级从 A 到 D 表示信息不对称程度逐渐增加。本书将披露结果为 C 和 D 的企业赋值为 1，为信息不对称的企业；披露结果为 A 和 B 的企业赋值为 0。通过上述方法将信息不对称企业取值为 1，其余为 0，将其作为被解释变量，采用 Logit 模型检验独立型和非独立型机构投资者与企业信息不对称之间的关系，回归结果见表 5-6。从表中可以看出，独立型机构投资者系数为负且在 1%的水平上显著，非独立型机构投资者系数为负但不显著，以上结论表明稳健性检验的回归结果与模型（5-2）一致，说明原回归结果是稳健的。

表 5-6 独立型和非独立型机构投资者持股与企业信息不对称

变量	被解释变量：企业信息不对称	
	独立型机构投资者持股样本	非独立型机构投资者持股样本
截距	7.6552*** (6.36)	7.4532*** (5.15)
Independent/Dependent	-3.6401*** (-4.14)	-4.0676 (-1.40)
Asset	-0.4457*** (-8.26)	-0.4586*** (-7.74)
Dbastrt	1.3114*** (3.63)	1.5037*** (3.36)

续表

变量	被解释变量：企业信息不对称	
	独立型机构投资者持股样本	非独立型机构投资者持股样本
Workcap	-0.5406* (-1.83)	-0.3284 (-0.87)
ZIndex	-0.0026 (-1.18)	-0.0037 (-1.25)
Indirect	0.0040 (0.73)	0.0094 (1.33)
Director	0.0013 (0.11)	0.0160 (1.05)
TurnR	-0.0001 (-0.41)	0.0001 (0.53)
YR	-0.1155 (-0.78)	-0.2422 (-1.45)
ActCtrl	0.6710*** (6.16)	0.4746*** (3.47)
年度	已控制	已控制
行业	已控制	已控制
N	3278	1804
Pseudo R^2	0.0967	0.1030

注：括号内为 Z 值；***、**、* 分别表示在 1%、5%、10%的水平上显著。

2. 独立型/非独立型机构投资者与企业融资约束和企业债权代理成本

为避免指数构造给结论带来影响，也在这部分进行了稳健性检验。采用 SA 指数作为衡量企业融资约束的变量对模型（5-3）和模型（5-4）进行稳健性检验。SA 指数是由企业规模和企业年龄构成的：

$$SA = -0.737 \times SIZE + 0.043 \times SIZE^2 - 0.04 \times AGE \quad (5-5)$$

其中，SIZE 为企业总资产的对数，AGE 为企业上市年数。对 SA 指数取绝对值，SA 指数绝对值越大，则融资约束程度越严重。稳健性检验结果见表 5-7、表 5-8。从回归结果看，独立型机构投资者持股比例的系数为

-1.4141 且在 1%的水平上显著，非独立型机构投资者持股比例的系数为 0.1271 且不显著；独立型机构投资者持股比例与融资约束交叉项的系数为 -0.7419 且在 1%的水平上显著，非独立型机构投资者持股比例与融资约束交叉项的系数为-0.4564，但不显著，说明独立型机构投资持股可以参与公司治理，有利于降低企业融资约束，并且减少企业因融资约束而产生的债权代理成本；非独立型机构投资者则对企业融资约束和债权代理成本不产生影响。以上结论表明稳健性检验的结果与主模型基本一致，独立型和非独立型机构投资者影响企业融资约束和债权代理成本的方向和显著性都是稳健的。

表 5-7　独立型和非独立型机构投资者持股与企业融资约束

变量	被解释变量：企业融资约束 SA	
	独立型机构投资者持股样本	非独立型机构投资者持股样本
截距	3.0442*** (87.51)	2.9892*** (62.95)
Independent/ Dependent	-1.4141*** (-18.78)	0.1271 (0.36)
FL	-0.0219*** (-4.81)	-0.0160*** (-2.74)
ROA	-0.0050*** (-4.24)	-0.0152*** (-8.59)
Workcap	0.6187*** (21.02)	0.5354*** (12.37)
ZIndex	-0.0010*** (-4.59)	-0.0014*** (-4.43)
年度	已控制	已控制
行业	已控制	已控制
N	9619	5393
调整后的 R^2	0.1911	0.1822

注：括号内为 T 值；***、**、* 分别表示在 1%、5%、10%的水平上显著；SA 指数表示企业融资约束，为被解释变量，由于该指数是由企业规模和企业年龄构成的，为避免在回归中解释变量和被解释变量的多重共线性，在模型中去掉了总资产这一控制变量。

表 5-8　独立型和非独立型机构投资者持股交叉项与企业债权代理成本

变量	被解释变量：企业债权代理成本 Debtagency	
	独立型机构投资者持股样本	非独立型机构投资者持股样本
截距	-29.4990*** (-11.63)	-26.5816*** (-7.46)
Inter	-0.7419*** (-3.59)	-0.4564 (-0.64)
SA	1.0391*** (6.13)	0.8002*** (3.34)
Asset	0.9196*** (10.31)	0.8230*** (6.58)
FL	0.2710*** (12.73)	0.2926*** (10.15)
Noncur	6.4298*** (30.64)	6.3067*** (22.55)
Ope	-1.3666*** (-11.44)	-1.5154*** (-9.48)
Totassrat	0.1233* (1.71)	0.0869 (0.88)
ZIndex	-0.0015 (-1.33)	-0.0004 (-0.24)
Director	0.0022 (0.29)	0.0043 (0.41)
Indirect	0.0042 (1.21)	0.0036 (0.75)
ActCtrl	-0.0328 (-0.45)	-0.0360 (-0.36)
ProvNum	0.4497*** (6.87)	0.4806*** (5.40)
年度	已控制	已控制
行业	已控制	已控制
N	9619	5393
Pseudo R^2	0.2733	0.2795

注：括号内为 Z 值；***、**、* 分别表示在 1%、5%、10%的水平上显著。

第五节　本章小结

本章以我国A股上市企业2008~2017年数据为研究样本，从融资约束的角度出发，实证检验了异质机构投资者对企业债权代理成本影响的传导路径。将机构投资者分为独立型和非独立型机构投资者，研究这两类机构投资者与企业信息不对称之间的关系，与企业融资约束之间的关系；然后通过两类机构投资者持股与融资约束指标的交叉项这一中介变量，研究异质机构投资者是否通过缓解企业融资约束而减少企业债权代理成本。通过本章的研究结果可以发现，不同类型机构投资者对企业融资约束和债权代理成本的影响存在差异，具体表现为：独立型和非独立型机构投资者对企业信息不对称、融资约束和债权代理成本的影响不同；独立型机构投资者持股后能够发挥治理作用，在一定程度上起到信息传播作用，减轻企业内外部信息不对称程度，并且缓解企业融资约束；在缓解融资约束后又可以减少企业通过对外借债进行融资的难度，因而可以起到减少部分债权代理成本的作用。非独立型机构投资者与上市企业本身存着商业联系和关联交易，因而公司治理的效果难以体现，对企业融资约束和债权代理成本的影响不大。

第六章 异质机构投资者影响企业债权代理成本：监督行为视角

本章是对第四章和第五章研究的延续。如前文所述，异质机构投资者参与公司治理，治理效果不同，独立型和集中持股型机构投资者持股影响企业债权代理成本，而非独立型和分散持股型机构投资者则不具有这一治理功能。从机构投资者影响企业债权代理成本的传导机制看，独立型机构投资者可以通过影响融资约束这一中介机制对企业债权代理成本产生影响，非独立型机构投资者则对企业融资约束不产生影响。进一步考虑，机构投资者持股后参与公司治理，对管理层和大股东实施监督和制约，又会影响企业哪些行为决策，从而影响企业债权代理成本？由代理理论可知，企业债权代理成本是由企业外部债权人与企业内部股东和管理层之间冲突产生的，在企业内外部信息不对称情况下，股东和管理层可能存在侵占债权人利益行为，具体表现为资产替代、投资不足、债权稀释和过度发放股利等，其中以资产替代和投资不足最为明显（Smith and Warner，1979）。因此，异质机构投资者持股，是否参与公司治理并改善治理结构，监督股东和管理层并对他们利益侵占行为产生制约，影响企业资产替代、投资不足、债权稀释等行为，从而影响企业债权代理成本，这是本章需要探讨的问题。本章讨论的利益侵占行为以资产替代、投资不足为代表，异质机构投资者以独立型和非独立型机构投资者为代表。

第一节 理论分析与研究假设

资产替代是 Jensen 和 Meckling（1976）首次提出的，债权人和股东获得的收益和承担的风险不同，当企业投资项目获得收益时，该项目的大部分收益归股东所有，而无论收益有多高，债权人仅获得固定的利息收益；当企业投资项目失败亏损时，股东承担有限责任，最多损失自己股本金，而作为债权人则可能损失全部本金。因此，债权人承担了企业项目失败的风险，却享受不到项目成功带来的收益。为了获得高额收益，股东偏好将借贷资金投资于高风险项目，使企业风险资产占总体资产比例增加，便产生了企业资产替代行为。已有相关文献证明了企业存在股东和管理层通过资产替代侵占债权人利益的行为（DeFusco et al.，1990；Bagnani et al.，1994；江伟和沈艺峰，2005；童盼和陆正飞，2005）。资产替代是以牺牲债权人利益为前提，当理性的债权人预期到企业资产替代行为带来的损失，可能会要求较高的回报率作为风险承担补偿，由此导致企业债权代理成本产生，长此以往不利于企业发展和价值提升。由此可见，资产替代行为导致债权代理成本产生，也是公司治理需要解决的问题。鉴于机构投资者的治理作用，如果机构投资者持股后参与公司治理，可以从股东的角度出发，利用自身专业知识和信息优势，充分发挥监督功能，对大股东和管理层形成制约，保护中小股东和债权人利益。许多学者都研究了机构投资者的监督作用，认为机构投资者是企业有效的监督者，其持股行为改变了上市企业的股权结构，在一定程度上缓解了企业代理问题（Shleifer and Vishny，1986；王琨和肖星，2005；薄仙慧和吴联生，2009）。由此可推断，机构投资者参与公司治理后对企业实施监督，可以在一定程度上预防大股东和管理层资产替代这种不利于企业发展的行为，保护中小股东和债权人利益。由于机构投资者存在异质性，不同的机构投资者参与公司治理的程度和治理效果不同，其在监督企业和预防资产替代行为方面也发挥着不同作用。独立型机构投资者与上市企业无商业联系，可以全心全意参与公司治理，是上市企业有效的监督者，可以预防企业资产替代行为；非独立型机构投资者则与上市企业存在交易关联，由于维护与上市企业的商业联系，也不会过多干预企业生产经营，因此对企业监督作用不明显。基于以上分析，提出以下假设：

假设 6-1：独立型机构投资者持股与企业资产替代程度成反比，非独立型机构投资者持股与企业资产替代程度不相关。

投资不足由 Myers（1977）首次提出，是指股东和经理人在预期投资项目净现值为正时，有可能会放弃该项目，对此类项目的投资缺乏积极性。这是由于股东承担的股本金是固定的，而企业负债占总资产比例越大，股东所享有剩余收益也越少，因此，经理人和股东没有动力通过融资获取足够的资金投资于能够获利项目，从而导致企业投资不足。许多学者研究了我国上市企业投资情况，发现我国大多数上市企业存在投资不足的问题（周伟贤，2010；刘飞和王开科，2014；肖丫苹和丁聪敏，2014）。投资不足作为非效率投资行为之一，是受到多方面影响所形成的，企业股权结构、产权性质和治理机制等都会影响企业投资行为。良好的治理机制和完善的治理结构是预防非效率投资行为的解决办法之一，机构投资者作为公司治理机制的良性补充，在持股后参与公司治理，一方面可以监督企业大股东，防止他们通过投资不足行为侵占债权人利益；另一方面可以约束企业经理人，干预企业不合理经营决策，预防经理人利己行为，最终发挥治理效应，减少企业投资不足行为。考虑到机构投资者异质性，根据机构投资者是否与上市企业存在商业联系将其划分为独立型和非独立型机构投资者，独立型机构投资者具有治理功能，而非独立型机构投资者则不具有治理功能。基于以上分析，提出以下假设：

假设 6-2：独立型机构投资者持股与企业投资不足程度成反比，非独立型机构投资者持股与企业投资不足程度不相关。

在两权分离的公司制度下，首先是股东和经理人之间冲突产生了股权代理成本，为减轻股权代理成本，减少管理者可使用的自由现金，企业可以引入负债进行融资，一方面缓解股东和经理人之间的冲突，另一方面也可扩大企业生产经营。但债务融资的增加又会带来债务代理成本，企业股东和经理人与债权人之间利益不一致，承担的责任不一致，导致双方之间的矛盾冲突。因此，企业债权代理成本是由企业债权人和股东与经理人之间利益冲突产生的，具体可表现为股东和经理人通过资产替代、投资不足、债权稀释和发放股利等行为侵占债权人利益，造成债权人利益损失，而债权人为预防以上情况发生向企业索要溢价进行补偿，从而产生债权代理成本，不利于企业价值的增长，造成企业资源的浪费。

由于资产替代、投资不足等行为是股东和债权人之间冲突的表现，企业这些现象越严重，意味着企业债权代理问题越严重，面临的债权代理成本也越大（葛永波等，2012；罗明琦，2014）。当机构投资者参与公司治理对企业实施监督时，制衡和约束企业管理人和股东，减少企业资产替代和投资不足行为，可以在一定程度上减少企业由于资产替代和投资不足引起的债权代理成本，即机构投资者通过影响企业资产替代和投资不足行为，进一步对企业债权代理成本产生影响。鉴于机构投资者的异质性，独立型和非独立型机构投资者在公司治理方面发挥的作用不同，对企业资产替代、投资不足和债权代理成本的影响也存在差异。基于以上分析，提出以下假设：

假设 6-3：独立型机构投资者持股可以参与公司治理，减少企业资产替代程度，进而减少企业因资产替代行为而产生的债权代理成本；非独立型机构投资者持股则不具有此治理功能。

假设 6-4：独立型机构投资者持股可以参与公司治理，减少企业投资不足程度，进而减少企业因投资不足行为而产生的债权代理成本；非独立型机构投资者持股则不具有此治理功能。

第二节　研究设计

一、变量选取

1. 被解释变量

（1）资产替代（Substitute）。资产替代是指企业可能将债权人的资金投资于高风险项目以增加收益，从而使得总资产中高风险资产比重增加。根据资产替代定义，可以采用资产风险程度来衡量资产替代水平。以往有学者采用经营性现金流的变异系数或营业收入的变异系数作为资产替代水平的代理变量（Bradley et al.，1984；Parrino and Weisbach，1999；江伟和沈艺峰，2005；龚凯颂和朱诗敏，2008），还有些学者采用股权收益率标准差的变动作为衡量资产替代水平的代理变量（Shin and Stulz，2000；宁吉安和姚益龙，2013）。本书采用股权收益率标准差的变动作为衡量资产替代水平的指标，具体做法是：计算本年与前两年股权收益率的标准差作为本年股权收益率标准差，记为 δ_i，除去行业因素影响，对 δ_i 进行去行业均值处理，计算上一年度标准差与本年度标准差之差，$Substitute=\delta_i-\delta_{i-1}$，对该变量取绝对值，绝对值越大，意味着资产风险性越大，即资产替代程度越严重。

（2）投资不足（Underinvest）。根据 Richardson（2006）、辛清泉等（2007）、陈运森和谢德仁（2011）、李争光等（2015），以构建投资不足回归模型求取随机误差项的方法来衡量投资不足。具体衡量模型如下：

$$\begin{aligned} Invest_{i,t} = {} & \beta_0 + \beta_1 \times Q + \beta_2 \times Lev_{i,t-1} + \beta_3 \times Cash_{i,t-1} + \beta_4 \times Age_{i,t-1} + \\ & \beta_5 \times Asset_{i,t-1} + \beta_6 \times Ret_{i,t-1} + \beta_7 \times Invest_{i,t-1} + \\ & Year\_dummy + Industry\_dummy + \varepsilon_t \end{aligned} \tag{6-1}$$

其中，Q 为托宾 Q 值，表示企业的成长性；Lev 为总负债与总资产之比，衡量资本结构；Cash 为（货币资金+交易性金融资产）/总资产，衡量企业资金持有量；Age 为截至期末企业上市年数，衡量企业成熟度；Asset 为总资产的对数，衡量企业规模；Ret 为个股收益率；Invest 表示企业新增资本投资量，为企业固定资产、在建工程、工程物资和无形资产的年度变化值与平均总资产之比；Year_dummy 为年度虚拟变量；Industry_dummy 为行业虚拟变量；ε_t 为随机误差项，ε_t 小于 0 表示投资不足，取 $\varepsilon_t<0$ 的样本，对 ε_t 取绝对值，绝对值越大表示投资不足情况越严重。

（3）企业债权代理成本（Debtagency）。本章采用债权代理成本指标的计算方法与第四章和第五章相同，将高资产负债率、高非流动负债率和高财务费用率的企业定义为高债权代理成本组，取值为 1，其余取值为 0。

2. 解释变量

（1）异质机构投资者持股。本章选取异质机构投资者中独立型与非独立型机构投资者作为研究样本，独立型与非独立型机构投资者持股的统计方法与第四章和第五章一致，并为避免内生关联，将机构投资者持股比例并滞后一期。

（2）异质机构投资者持股与资产替代交叉项（Inter1）。交叉项分别为独立型和非独立型机构投资者持股比例滞后一期与资产替代指标（Substitute）的乘积，衡量异质机构投资者通过资产替代这一中介行为对企业债权代理成本产生的影响。本书认为，资产替代是企业股东和经理层侵占债权人利益的行为之一，企业资产替代行为越多，意味着股东和经理与债权人之间的利益冲突越大，企业债权代理成本也越大；如果机构投资者参与公司治理，监督和制约股东与经理人的不当行为，可以在一定程度上减轻企业资产替代现象，从而减少企业债权代理成本。因此，独立型机构投资者持股比例滞后一期与资产替代的交叉项系数应为负。

（3）异质机构投资者持股与投资不足交叉项（Inter2）。交叉项为独立型和非独立型机构投资者持股比例滞后一期与投资不足指标（Underinvest）的乘积，衡量异质机构投资者是否可以减少企业因投资不足而产生的债权代理成本。企业投资不足行为是企业债权代理成本产生的原因之一，因此投资不足情况越严重，企业债权代理成本越大。当机构投资者持股后改善公司治理，约束企业投资不足行为，可以减少企业因投资不足而产生的债权代理成本。因此，独立型机构投资者持股比例滞后一期与投资不足的交叉项系数应为负。

3. 控制变量

在控制变量选取方面，主要考虑企业财务特征、治理状况、企业性质和外部环境等方面因素。其中总资产（Asset）表示企业资产规模；财务杠杆率（FL）表示企业财务风险；资产负债率（Dbastrt）和非流动负债率（Noncur）反映企业资本结构；现金流动负债比率（Ope）反映企业偿债能力；Z 指数（ZIndex）表示企业股权集中程度；总资产收益率（ROA）和营业利润率（EBITTOR）反映企业盈利能力；自由现金流量比率（Free）反映企业可自由支配现金；账面市值比（PB）反映企业成长性；总资产周转率（Totassrat）考察企业资产营运效率；企业董事会规模（Directors）和独立董事比例（Indirect）是衡量公司治理水平的指标；企业性质哑变量（ActCtrl）表示企业产权性质，国有企业取值为 0，其他性质企业取值为 1；ProvNum 表示企业总部所在地，为哑变量，中西部地区取值为 1，东部地区取值为 0。

综上分析，研究变量的定义和计算方法如表 6-1 所示。

表 6-1　变量定义和计算方法

变量类型	变量名称	变量符号	计算方法
被解释变量	资产替代	Substitute	企业股权收益率标准差的变动，去行业均值
	投资不足	Underinvest	Richardson（2006）等模型的随机误差项
	债权代理成本	Debtagency	企业资产负债率、非流动负债率和利息支出率均高于行业中位数则取值为 1，其余为 0
解释变量	独立型机构投资者持股比例	Independent	证券投资基金、QFII 和社保基金持股比例之和滞后一期
	非独立型机构投资者持股比例	Dependent	券商、保险公司、信托公司、财务公司和企业年金持股比例之和滞后一期
	机构持股与资产替代交叉项	Inter1	分别以独立型和非独立型机构持股比例滞后一期与资产替代的乘积
	机构持股与投资不足交叉项	Inter2	分别以独立型和非独立型机构持股比例滞后一期与投资不足的乘积
控制变量	资产负债率	Dbastrt	负债总额/资产总额
	自由现金流量比率	Free	自由现金流量/总资产
	营业利润率	EBITTOR	息税前利润/营业总收入
	总资产	Asset	总资产的对数
	财务杠杆率	FL	(净利润+所得税费用+财务费用)/(净利润+所得税费用)
	非流动负债率	Noncur	非流动负债/负债合计
	现金流动负债比率	Ope	经营活动现金净流量/流动负债
	总资产周转率	Totassrat	主营业务收入/平均资产总额
	市值账面比	PB	股票市值/股东权益总额
	Z 指数	ZIndex	第一大股东持股比例/第二大股东持股比例
	企业董事会规模	Directors	企业董事会成员的总人数
	独立董事比例	Indirect	独立董事人数/董事会人数
	企业性质	ActCtrl	所有制虚拟变量，国有企业取值为 0，其他性质企业取值为 1
	企业总部所在地	ProvNum	总部所在地虚拟变量：东部地区取值为 0，中西部地区取值为 1
	年度虚拟变量	Dummy_year	用来控制年度因素的影响，研究年限为 2008~2017 年
	行业虚拟变量	Dummy_industry	用来控制行业因素的影响，按证监会行业分类标准，除去金融行业，共有 17 个行业

二、模型设计

为检验假设 6-1，即独立型和非独立型机构投资者持股与企业资产替代程度之间的关系，构建以下 OLS 回归模型：

$$\begin{aligned}\text{Substitute}_{i,t} = {} & \alpha + \beta_1 \times \text{Independent}_{i,t-1}/\text{Dependent}_{i,t-1} + \beta_2 \times \text{Asset}_{i,t} + \\ & \beta_3 \times \text{Dbastrt}_{i,t} + \beta_4 \times \text{ZIndex}_{i,t} + \beta_5 \times \text{ActCtrl}_{i,t} + \\ & \sum \text{Dummy\_year} + \sum \text{Dummy\_industry} + \varepsilon \qquad (6-2)\end{aligned}$$

为检验假设 6-2，即独立型和非独立型机构投资者持股与企业投资不足程度之间的关系，构建以下 OLS 回归模型：

$$\begin{aligned}\text{Underinvest}_{i,t} = {} & \alpha + \beta_1 \times \text{Independent}_{i,t-1}/\text{Dependent}_{i,t-1} + \beta_2 \times \text{Free}_{i,t} + \\ & \beta_3 \times \text{PB}_{i,t} + \beta_4 \times \text{EBITTOR}_{i,t} + \beta_5 \times \text{ZIndex}_{i,t} + \\ & \beta_6 \times \text{Indirect}_{i,t} + \beta_7 \times \text{ActCtrl}_{i,t} + \beta_8 \times \text{ProvNum}_{i,t} + \\ & \sum \text{Dummy\_year} + \sum \text{Dummy\_industry} + \varepsilon \qquad (6-3)\end{aligned}$$

为检验假设 6-3，独立型和非独立型机构投资者通过资产替代行为对企业债权代理成本的影响，在第四章模型（4-1）的基础上加入机构持股滞后一期与资产替代交叉项（Inter1）、机构持股（Independent/Dependent）和资产替代（Substitute）作为解释变量，建立以下 logit 概率模型：

$$\begin{aligned}\text{Debtagency}_{i,t} = {} & \alpha + \beta_1 \times \text{Inter1}_{i,t-1} + \beta_2 \times \text{Subsitutite}_{i,t-1} + \beta_3 \times \text{Indenpendent}_{i,t}/ \\ & \text{Denpendent}_{i,t-1} + \beta_4 \times \text{Asset}_{i,t} + \beta_5 \times \text{FL}_{i,t} + \beta_6 \times \text{Noncur}_{i,t} + \\ & \beta_7 \times \text{Ope}_{i,t} + \beta_8 \times \text{Totassrat}_{i,t} + \beta_9 \times \text{ZIndexet}_{i,t} + \\ & \beta_{10} \times \text{Directors}_{i,t} + \beta_{11} \times \text{Indirect}_{i,t} + \beta_{12} \times \text{ActCtrl}_{i,t} + \\ & \beta_{13} \times \text{ProvNum}_{i,t} + \sum \text{Dummy\_year} + \\ & \sum \text{Dummy\_industry} + \varepsilon \qquad (6-4)\end{aligned}$$

为检验假设 6-4，独立型和非独立型机构投资者通过投资不足行为对企业债权代理成本的影响，在第四章模型（4-1）的基础上加入机构持股滞后一期与资产替代交叉项（Inter2）、机构持股（Independent/Dependent）和投资不足（Underinvest）作为解释变量，建立以下 logit 概率模型：

$$\text{Debtagency}_{i,t} = \alpha + \beta_1 \times \text{Inter2}_{i,t-1} + \beta_2 \times \text{Underinvest}_{i,t-1} + \beta_3 \times \text{Indenpendent}_{i,t}/$$

$$\text{Denpendent}_{i,t-1} + \beta_4 \times \text{Asset}_{i,t} + \beta_5 \times \text{FL}_{i,t} + \beta_6 \times \text{Accrate}_{i,t} + \beta_7 \times \text{Ope}_{i,t} + \beta_8 \times \text{Totassrat}_{i,t} + \beta_9 \times \text{ZIndex}_{i,t} + \beta_{10} \times \text{Directors}_{i,t} + \beta_{11} \times \text{Indirect}_{i,t} + \beta_{12} \times \text{ActCtrl}_{i,t} + \beta_{13} \times \text{ProvNum}_{i,t} + \sum \text{Dummy\_year} + \sum \text{Dummy\_industry} + \varepsilon \qquad (6-5)$$

三、样本选择与数据来源

本章对数据选取和处理方法与第四章和第五章相同，采用我国沪深两市A股2008~2017年所有上市企业年度数据为初始样本，然后对初始样本做了如下处理：排除金融类企业样本；删除ST和PT企业；删除数据缺失样本；对样本连续变量在1%和99%的水平上进行winsorize缩尾处理。模型（6-2）的样本数量为：独立型机构投资者（证券投资基金、QFII、社保基金持股比例之和）观测值9379，非独立型机构投资者（券商、保险公司、信托公司、财务公司和企业年金持股比例之和）观测值5173；模型（6-3）的样本数量为：独立型机构投资者（证券投资基金、QFII、社保基金持股比例之和）观测值4390，非独立型机构投资者（券商、保险公司、信托公司、财务公司和企业年金持股比例之和）观测值4460。变量的数据均来自于锐思数据库，统计软件使用Stata 14。

第三节　实证结果与分析

一、变量的描述性统计

表6-2与表6-3分别是模型（6-2）和模型（6-3）的独立型和非独立型机构投资者持股样本变量的描述性统计。从表中可看出，模型（6-2）中独立型机构投资者平均持股比例为5.96%，非独立型机构投资者平均持股比

例为2.08%；模型（6-3）中独立型机构投资者平均持股比例为6.02%，非独立型机构投资者平均持股比例为2.12%，说明相较于非独立型机构投资者，独立型机构投资者持股更为集中，持股比例普遍高于非独立型机构投资者持股比例。模型（6-2）中两类样本的资产替代指标均值均处于4.2~4.6，说明两类样本企业面临着相似程度的资产替代现象；模型（6-3）中两类样本的投资不足指标均值均处于0.044~0.056，说明两类样本企业也面临着相似程度的投资不足现象。各个样本的其他控制变量的描述性统计数值之间区别不大，均值基本一致。

表6-2 独立型和非独立型机构投资者持股样本变量的描述性统计（资产替代样本）

变量	独立型机构投资者样本					非独立型机构投资者样本				
	观测值：9379					观测值：5173				
	最大值	最小值	均值	中位数	标准差	最大值	最小值	均值	中位数	标准差
Substitute	3013.7740	0.0001	4.2150	1.1677	37.0493	3013.7740	0.0001	4.6049	1.1619	47.1810
Independent/Dependent	0.3339	0.0000	0.0596	0.0271	0.0779	0.0992	0.0000	0.0208	0.0122	0.0227
Asset	26.1252	18.8827	22.6448	22.5423	1.2681	26.1252	18.8827	22.6276	22.5445	1.3041
FL	8.9617	-1.0259	1.5046	1.1394	1.3182	8.9617	-1.0259	1.5217	1.1423	1.3738
Dbastrt	0.9197	0.0860	0.5122	0.5202	0.1933	0.9865	0.0892	0.5180	0.5274	0.1926
Noncur	0.7704	0.0000	0.2195	0.1656	0.1966	0.7704	0.0000	0.2206	0.1677	0.1985
Ope	1.7480	-0.6279	0.1741	0.1186	0.3165	1.7480	-0.6279	0.1671	0.1148	0.3103
Totassrat	2.9902	0.0468	0.7051	0.5802	0.5298	2.9902	0.0468	0.7106	0.5763	0.5421
ZIndex	161.6400	1.0200	16.6420	6.2100	26.9492	161.6400	1.0200	17.0457	6.8400	26.7119
Director	42.0000	3.0000	13.2124	12.0000	4.2058	36.0000	3.0000	13.2401	13.0000	4.1531
Indirect	66.6700	13.6400	34.3151	33.3300	9.4851	66.6700	13.6400	34.5609	33.3300	9.4640

表6-3 独立型和非独立型机构投资者持股样本变量的描述性统计（投资不足样本）

变量	独立型机构投资者样本					非独立型机构投资者样本				
	观测值：4390					观测值：4460				
	最大值	最小值	均值	中位数	标准差	最大值	最小值	均值	中位数	标准差
Underinvest	1.1479	0.0000	0.0443	0.0315	0.0580	1.3323	0.0000	0.0558	0.0325	0.0898
Independent/Dependent	0.3339	0.0000	0.0602	0.0248	0.0816	0.0992	0.0004	0.0212	0.0125	0.0229

续表

变量	独立型机构投资者样本					非独立型机构投资者样本				
	观测值：4390					观测值：4460				
	最大值	最小值	均值	中位数	标准差	最大值	最小值	均值	中位数	标准差
Asset	26.1252	18.8827	22.3728	22.2644	1.1947	26.1252	18.8827	22.4708	22.4027	1.2657
FL	8.9617	-1.0259	1.5045	1.1138	1.3781	8.9617	-1.0259	1.5292	1.1403	1.3888
Free	0.1745	-1.2063	-0.0747	-0.0144	0.2050	0.1861	-1.1003	-0.0715	-0.0162	0.1910
PB	60.1708	0.8689	3.9316	2.7303	5.1335	60.1708	0.8689	3.9932	2.6317	5.7152
Ebittor	114.0286	-67.9417	12.8778	8.5074	19.4253	114.0286	-67.9417	12.6022	8.4997	19.8941
Noncur	0.7704	0.0000	0.1917	0.1238	0.1930	0.7704	0.0000	0.2149	0.1591	0.1973
Ope	1.7480	-0.6279	0.1825	0.1199	0.3407	1.7480	-0.6279	0.1612	0.1108	0.3123
Totassrat	2.9902	0.0468	0.7459	0.6178	0.5518	2.9902	0.0468	0.7166	0.5822	0.5522
ZIndex	161.6400	1.0200	18.5658	7.7200	28.5221	161.6400	1.0200	18.0734	7.4800	27.7699
Director	31.0000	3.0000	13.0182	12.0000	4.0215	36.0000	3.0000	13.1585	12.0000	4.0806
Indirect	66.6700	13.6400	34.4523	33.3300	9.4259	66.6700	13.6400	34.8026	33.3300	9.5113

注：Independent/Dependent、Indirect 是以%为单位。

二、实证结果及分析

1. 独立型和非独立型机构投资者持股对企业资产替代的影响

表 6-4 是对模型（6-2）的检测结果，该模型采用的是 OLS 回归模型，被解释变量是企业资产替代程度 Substitute。从实证检验结果可以看出，独立型机构投资者持股比例系数为-6.0773 且在 10%的水平上显著，说明独立型机构投资者持股有利于限制企业资产替代行为，独立型机构投资者参与公司治理具有一定的治理成效；非独立型机构投资者持股比例系数为-34.1583，但不显著，说明非独立型机构投资者限制资产替代行为不明显，参与公司治理程度低。这些检验结果都较好地验证了假设 6-1。在控制变量方面，独立型机构投资者样本中总资产（Asset）与企业资产替代程度成反比，资产负债率（Dbastrt）与资产替代程度成正比。

表 6-4 独立型和非独立型机构投资者持股与企业资产替代

变量	被解释变量：企业资产替代 Substitute	
	独立型机构投资者持股样本	非独立型机构投资者持股样本
截距	18.4072*** (2.63)	7.4732 (0.85)
Independent/ Dependent	-6.0773* (-1.84)	-34.1583 (-1.08)
Asset	-0.9144** (-2.55)	-0.2787 (-0.56)
Dbastrt	6.9837** (2.50)	1.9711 (0.41)
ZIndex	-0.0074 (-0.67)	-0.0151 (-0.92)
ActCtrl	-0.3877 (-0.35)	-1.2995 (-0.96)
年度	已控制	已控制
行业	已控制	已控制
N	9379	5173
调整后的 R^2	0.0430	0.1017

注：括号内为 T 值；***、**、* 分别表示在 1%、5%、10%的水平上显著。

2. 独立型和非独立型机构投资者持股对企业投资不足的影响

表 6-5 是对模型（6-3）的检测结果，该模型也采用了 OLS 回归模型，被解释变量是企业投资不足程度 Underinvest。从实证检验结果可以看出，独立型机构投资者持股比例系数为-0.0210 且在 1%的水平上显著，说明独立型机构投资者持股参与公司治理后，起到了监督和约束企业大股东和管理人的作用，减少了企业投资不足行为；非独立型机构投资者持股比例系数为 0.0099 且不显著，说明非独立型机构投资者参与公司治理程度低，对企业投资不足行为也不具有约束作用。这些检验结果都较好地验证了假设 6-2。在控制变量方面，两类样本中自由现金流量比率（Free）的系数为负且在 1%水平上显著，市值账面比（PB）的系数为正且在 1%的水平上显著，说明企业自由现金流越少、市值账面比越大，企业投资不足现象越严重。企业总部

所在地（ProvNum）的系数为正且分别在1%和5%水平上显著，说明相较于东部地区的企业，中西部地区企业的投资不足情况更为严重。

表 6-5 独立型和非独立型机构投资者持股与企业投资不足

变量	被解释变量：企业投资不足 Underinvest	
	独立型机构投资者持股样本	非独立型机构投资者持股样本
截距	0.0116* (1.92)	0.0105 (1.17)
Independent/Dependent	-0.0210*** (-2.70)	-0.0099 (-0.19)
Free	-0.0526*** (-4.16)	-0.0277*** (-2.81)
PB	0.0016*** (4.10)	0.0023*** (3.94)
Ebittor	-0.0001 (-1.03)	0.0001 (0.71)
ZIndex	0.0000 (1.35)	-0.0001** (-2.08)
Indirect	-0.0001* (-1.69)	0.0001 (0.80)
ActCtrl	-0.0000 (-0.01)	0.0003 (0.10)
ProvNum	0.0052*** (2.77)	0.0072** (2.52)
年度	已控制	已控制
行业	已控制	已控制
N	4390	4460
调整后的 R^2	0.1188	0.0860

注：括号内为T值；***、**、*分别表示在1%、5%、10%的水平上显著。

3. 独立型和非独立型机构投资者持股对企业债权代理成本的影响——以资产替代为视角

表6-6是对模型（6-4）的检验结果，考察了独立型和非独立型机构投

资者对企业债权代理成本产生影响的具体监督行为，即独立型和非独立型机构投资者是否可以通过影响企业资产替代行为，间接影响企业债权代理成本。该模型采用了 Logit 概率模型，被解释变量债权代理成本（Debtagency）是取值为 0 和 1 的变量，取值为 1 表示高债权代理成本，Logit 回归模型中系数为正表明企业债权代理成本取值为 1 的概率越大。从表 6-6 的回归结果中可以看出，独立型机构投资者样本中资产替代 Substitute 的系数为 0.0040。且在 5%的水平上显著，说明企业资产替代程度与债权代理成本成正比；持股比例 Independent 的系数为-1.8606 且在 1%的水平上显著，持股比例与资产替代指标的交叉项 Inter1 的系数为-0.0719 且在 5%的水平上显著，说明独立型机构投资者持股参与公司治理，具有监督和约束作用，能够减少企业资产替代行为，缓解债权人和大股东与管理层之间的利益冲突，从而降低企业的债权代理成本。非独立型机构投资者样本中机构持股 Dependent 和交叉项 Inter1 系数为负但不显著，说明非独立型机构投资者持股后不能发挥治理功能，对企业债权代理成本不产生影响。以上检验结果都较好地验证了假设 6-3。

表 6-6 独立型和非独立型机构投资者持股与资产替代交叉项（Inter1）和企业债权代理成本

变量	被解释变量：企业债权代理成本 Debtagency	
	独立型机构投资者持股样本	非独立型机构投资者持股样本
截距	-15.2095*** (-19.07)	-15.6252*** (-13.79)
Inter1	-0.0719** (-2.29)	-0.0086 (-0.29)
Substitute	0.0040** (2.30)	0.0004 (0.80)
Independent/Dependent	-1.8608*** (-3.29)	0.9157 (0.48)
Asset	0.4320*** (15.57)	0.4506*** (11.78)
FL	0.2777*** (12.64)	0.2886*** (9.84)
Noncur	6.4744*** (30.40)	6.3894*** (22.05)

续表

变量	被解释变量：企业债权代理成本 Debtagency	
	独立型机构投资者持股样本	非独立型机构投资者持股样本
Ope	-1.3905*** (-11.31)	-1.6112*** (-9.41)
Totassrat	0.1511** (2.08)	0.1049 (1.05)
ZIndex	-0.0015 (-1.31)	0.0002 (0.11)
Director	0.0060 (0.76)	0.0041 (0.37)
Indirect	0.0021 (0.59)	0.0021 (0.44)
ActCtrl	-0.0177 (-0.24)	-0.0249 (-0.25)
ProvNum	0.4818*** (7.24)	0.5162*** (5.68)
年度	已控制	已控制
行业	已控制	已控制
N	9379	5173
Pseudo R^2	0.2726	0.2786

注：括号内为 Z 值；***、**、*分别表示在 1%、5%、10%的水平上显著。

在控制变量方面，控制变量的系数方向和显著性与第四章结果基本一致。其中，总资产（Asset）、财务杠杆率（FL）、非流动负债率（Noncur）和总资产周转率（Totassrat）与债权代理成本正相关，现金流动负债比率（Ope）与债权代理成本负相关，说明企业资产规模越大、杠杆率越高、非流动负债越多、资产周转越快和偿债能力越差，企业债权代理成本取值为 1 的概率越高。企业总部所在地（ProvNum）的系数为正且在 1%水平上显著，说明相较于东部地区的企业，中西部地区企业的债权代理成本较高。

4. 独立型和非独立型机构投资者持股对企业债权代理成本的影响——以投资不足为视角

表 6-7 是对模型（6-5）检验的结果，考察了独立型和非独立型机构投资者对企业债权代理成本产生影响的另一具体监督行为，即独立型和非独立型机构投资者是否可以通过影响企业投资不足行为，间接影响企业债权代理成本。该模型也采用了 Logit 概率模型，被解释变量债权代理成本（Debtagency）是取值为 0 和 1 的变量，取值为 1 表示高债权代理成本，Logit 回归模型中系数为正表明企业债权代理成本取值为 1 的概率越大。从表 6-7 的回归结果中可以看出，独立型机构投资者持股比例与投资不足交叉项 Inter2 系数为-56. 7283 且在 10%的水平上显著，说明独立型机构投资者持股可以参与上市企业公司治理，限制企业投资不当行为，缓解债权人和股东与管理层之间的矛盾，进而减少企业因投资不足产生的债权代理成本；非独立型机构投资者持股比例与投资不足交叉项 Inter2 系数为 7. 3281 但不显著，说明非独立型机构投资者对企业投资不足和债权代理成本不产生影响。这些检验结果都较好地验证了假设 6-4。模型中其余控制变量的系数方向和显著性与模型（6-4）的结果基本保持一致。

表 6-7　独立型和非独立型机构投资者持股与投资不足交叉项（Inter2）和企业债权代理成本

变量	被解释变量：企业债权代理成本 Debtagency	
	独立型机构投资者持股样本	非独立型机构投资者持股样本
截距	-30. 0671*** (-24. 50)	-17. 3079*** (-13. 31)
Inter2	-56. 7283* (-1. 82)	7. 3281 (0. 30)
Independent/Dependent	-1. 8240 (-1. 36)	-0. 5938 (-0. 23)
Underinvest	0. 5028 (0. 44)	-1. 6037** (-1. 99)
FL	0. 2873*** (9. 18)	0. 2887*** (9. 06)

续表

变量	被解释变量：企业债权代理成本 Debtagency	
	独立型机构投资者持股样本	非独立型机构投资者持股样本
Asset	0.5087*** (10.58)	0.5147*** (11.44)
Noncur	7.1233*** (20.99)	6.3549*** (20.42)
Ope	-1.3955*** (-7.29)	-1.4839*** (-8.39)
Totassrat	0.2295** (2.02)	0.1317 (1.19)
ZIndex	-0.0033* (-1.79)	-0.0026 (-1.39)
DirNum	0.0097 (0.71)	0.0117 (0.93)
IndDirect	-0.0038 (-0.63)	0.0009 (0.17)
ActCtrl	-0.0821 (-0.66)	-0.1742 (-1.52)
ProvNum	0.4671*** (4.22)	0.5708*** (5.66)
年度	已控制	已控制
行业	已控制	已控制
N	4390	4460
Pseudo R^2	0.3157	0.2927

注：括号内为 Z 值；***、**、*分别表示在 1%、5%、10%的水平上显著。

第四节　稳健性检验

为验证前文结果的稳健性，本书还进行了以下稳健性检验。

1. 独立型和非独立型机构投资者持股对企业资产替代和债权代理成本的影响

参照以往学者的做法，采用当年与前两年年末的经营性现金流的变异系数作为资产替代水平代理变量，代入模型（6-2）和模型（6-4）中重新进行回归分析，回归结果见表6-8和表6-9。从表中可以看出，替换了代理变量后，回归结果与前文一致，独立型机构投资者持股比例与企业资产替代呈负相关关系，独立型机构持股与资产替代交叉项系数为负且在5%的水平上显著；非独立型机构投资者持股则对企业资产替代和债权代理成本无影响。以上结论表明模型（6-2）和模型（6-4）的结果是稳健的。

表6-8　独立型和非独立型机构投资者持股与企业资产替代

变量	被解释变量：企业资产替代 Substitute	
	独立型机构投资者持股样本	非独立型机构投资者持股样本
截距	0.6058*** (8.76)	0.9435*** (9.25)
Independent/ Dependent	-0.2611*** (-8.42)	0.2666 (1.27)
Asset	-0.0106*** (-3.67)	-0.0279*** (-6.70)
Dbastrt	0.1112*** (5.40)	0.2103*** (7.19)
ZIndex	0.0000 (0.10)	0.0002 (1.05)
ActCtrl	0.0161*** (2.83)	0.0240*** (2.82)
年度	已控制	已控制
行业	已控制	已控制
N	9526	5331
调整后的 R^2	0.0385	0.0501

注：括号内为T值；***、**、*分别表示在1%、5%、10%的水平上显著。

表 6-9　独立型和非独立型机构投资者持股与资产替代交叉项（Inter1）和企业债权代理成本

变量	被解释变量：企业债权代理成本 Debtagency	
	独立型机构投资者持股样本	非独立型机构投资者持股样本
截距	-15.2895*** (-18.53)	-16.0849*** (-13.38)
Inter1	-4.6715** (-2.56)	-4.6471 (-0.94)
Substitute	0.0623 (0.44)	0.0910 (0.44)
Asset	0.4238*** (15.55)	0.4545*** (12.02)
FL	0.2754*** (12.89)	0.2913*** (10.09)
Noncur	6.4789*** (30.82)	6.3428*** (22.37)
Ope	-1.4373*** (-12.09)	-1.5727*** (-9.77)
Totassrat	0.1100 (1.52)	0.0764 (0.77)
ZIndex	-0.0012 (-1.03)	-0.0006 (-0.35)
Director	0.0059 (0.76)	0.0061 (0.57)
Indirect	0.0022 (0.62)	0.0029 (0.60)
ActCtrl	-0.0387 (-0.53)	-0.0463 (-0.46)
ProvNum	0.4507*** (6.85)	0.4778*** (5.33)
年度	已控制	已控制
行业	已控制	已控制
N	9526	5331
Pseudo R^2	0.2698	0.2798

注：括号内为 Z 值；***、**、* 分别表示在 1%、5%、10%的水平上显著。

2. 独立型和非独立型机构投资者持股对企业投资不足和债权代理成本的影响

本书还计算了上市企业投资水平，具体计算方式为：投资水平=（年末固定资产+长期投资+在建工程）/总资产，取每个会计年度每个行业投资水平中位数，如果企业投资水平低于行业中位数，则企业存在投资不足情况，取值为1，其余取值为0，将其作为投资不足代理变量，采用logit概率模型，检验独立型和非独立型机构投资者与企业投资不足和债权代理成本的关系，检验结果见表6-10和表6-11。从回归结果看，稳健性检验结果与主模型保持一致，说明独立型和非独立型机构投资者影响企业投资不足和债权代理成本的方向和显著性都是稳健的。

表6-10 独立型和非独立型机构投资者持股与企业投资不足

变量	被解释变量：企业投资不足 Underinvest	
	独立型机构投资者持股样本	非独立型机构投资者持股样本
截距	0.3087 (1.09)	0.6647 (1.39)
Independent/Dependent	-3.7330*** (-11.14)	-1.6403 (-1.18)
Free	0.0616 (0.51)	-0.0012 (-0.01)
PB	0.0337*** (4.94)	0.0325*** (4.59)
EBITTOR	-0.0091*** (-5.96)	-0.0111*** (-5.89)
ZIndex	0.0021** (2.44)	0.0049*** (4.20)
Indirect	-0.0024 (-0.97)	-0.0034 (-1.07)
ActCtrl	-0.0369 (-0.72)	0.1021 (1.55)
ProvNum	-0.1012** (-2.03)	-0.1679*** (-2.62)

续表

变量	被解释变量：企业投资不足 Underinvest	
	独立型机构投资者持股样本	非独立型机构投资者持股样本
年度	已控制	已控制
行业	已控制	已控制
N	7650	4552
Pseudo R^2	0. 0325	0. 0197

注：括号内为 Z 值；*** 、** 、* 分别表示在 1%、5%、10%的水平上显著。

表 6-11　独立型和非独立型机构投资者持股与投资不足交叉项（Inter2）和企业债权代理成本

变量	被解释变量：企业债权代理成本 Debtagency	
	独立型机构投资者持股样本	非独立型机构投资者持股样本
截距	-16. 8098*** (-17. 18)	-16. 5289*** (-12. 84)
Inter2	-2. 8976*** (-2. 60)	1. 4969 (0. 50)
Underinvest	0. 1721* (1. 96)	-0. 0481 (-0. 41)
FL	0. 4899*** (14. 42)	0. 5104*** (11. 44)
Asset	0. 2713*** (11. 32)	0. 2895*** (9. 15)
Noncur	6. 3773*** (26. 70)	6. 2621*** (20. 69)
Ope	-1. 4240*** (-10. 49)	-1. 4893*** (-8. 43)
Totassrat	0. 1790** (2. 22)	0. 1236 (1. 13)
ZIndex	-0. 0026** (-2. 05)	-0. 0023 (-1. 28)
DirNum	0. 0083 (0. 89)	0. 0092 (0. 75)
IndDirect	0. 0032 (0. 79)	0. 0010 (0. 19)

续表

变量	被解释变量：企业债权代理成本 Debtagency	
	独立型机构投资者持股样本	非独立型机构投资者持股样本
ActCtrl	-0.1155 (-1.39)	-0.1980* (-1.77)
ProvNum	0.5083*** (6.76)	0.5222*** (5.28)
年度	已控制	已控制
行业	已控制	已控制
N	7650	4552
Pseudo R^2	0.2783	0.2888

注：括号内为Z值；***、**、*分别表示在1%、5%、10%的水平上显著。

第五节　本章小结

本章以我国A股上市企业2008~2017年的数据为研究样本，从资产替代和投资不足的角度出发，实证检验了异质机构投资者对企业债权代理成本影响的具体监督行为。以独立型和非独立型作为异质机构投资者代表，研究这两类机构投资者与企业资产替代和投资不足行为之间的关系，以机构持股与资产替代交叉项、机构持股与投资不足交叉项作为中介变量，考察异质机构投资者是否通过资产替代和投资不足对企业债权代理成本产生影响。通过本章的研究结果可以发现，独立型和非独立型机构投资者对企业资产替代、投资不足以及债权代理成本的影响存在差异，具体表现在以下两个方面：

第一，独立型和非独立型机构投资者对企业资产替代和债权代理成本的影响不同。独立型机构投资者与上市企业没有交易关联，能够积极参与公司治理，对企业大股东和管理层实施监督，改善治理结构，对企业资产替代行为起到一定的限制作用，与企业因资产替代而产生的债权代理成本成反比；非独立型机构投资者则与上市企业有交易关联，为维护商业关系，往往不会过多干预企业的经营决策，也不会对企业管理层和大股东实施监督，因此对企业资产替代行为和债权代理成本不产生影响。

第二，独立型和非独立型机构投资者对企业投资不足和债权代理成本的影响不同。独立型机构投资者参与公司治理后可以在一定程度上减少企业投资不足现象，从而减少大股东和管理层通过资产替代侵占债权人利益，缓解双方之间的利益冲突，并且进一步减少企业因投资不足而产生的债权代理成本；非独立型机构投资者则不积极参与公司治理，对企业投资不足行为和债权代理成本不产生影响。

第七章 主要结论与对策思考

本章对全书进行总结，首先在第三章理论分析和第四至第六章实证研究结果的基础上，进行归纳和总结，得出本书主要研究结论；其次，在结论基础上就我国机构投资者的发展提出相关政策和建议；最后，针对本书研究不足部分和需要进一步完善的问题，提出未来研究方向和研究展望。

第一节 主要研究结论

我国机构投资者已成为资本市场上的中坚力量，是资本市场有效运行的基础之一，对我国资本市场健康有序发展起到了关键性作用。通过对以往文献梳理，以及对委托代理理论、公司治理理论、资本结构理论、信息不对称理论和融资约束理论总结和分析，发现机构投资者作为上市企业股东之一，具有参与公司治理的必然性。由于企业各方当事人之间利益不一致，现有内部治理机制不能完全解决各方之间的利益冲突，需要企业其他当事人从外部对企业进行监督，维护自身利益，而机构投资者正是这样一种新兴的外部监督治理机制。机构投资者参与公司治理并发挥治理效应，能够缓解各方当事人之间的利益冲突，减少企业代理成本，其中就包括股东、经理人与债权人之间的债权代理成本。但仅有部分机构投资者才能发挥这种治理效应，由于持股期限、持股目的和资金来源等不同，机构投资者具有异质性，不同类别机构投资者在资本市场上的投资行为和偏好、参与公司治理程度存在极大差异，治理的效果也有所不同。

本书选取2008~2017年我国A股上市企业数据为研究样本，按照机构投资者是否与上市企业存在或潜在存在商业联系，将其划分为独立型和非独立型机构投资者；按照上市企业前十大股东中是否有机构投资者持股，将其划分为集中持股型和分散持股型机构投资者，分析异质机构投资者对企业债权代理成本影响的差异，并以融资约束和监督行为作为研究视角，讨论机构投资者影响企业债权代理成本的中介因素。本书实证研究主要分为两个阶段：首先对比研究独立型和非独立型、集中持股型和分散持股型的机构投资者对企业债权代理成本影响的差异；然后以融资约束、资产替代和投资不足为中介因素，研究了异质机构投资者影响企业债权代理成本的传导机制。通过上述研究，得到以下结论：

（1）异质机构投资者对企业债权代理成本的影响存在差异。本书实证检验了独立型和非独立型、集中持股型和分散持股型的机构投资者对企业债权代理成本的影响，检验结果表明，独立型和集中持股型机构投资者能够减少企业债权代理成本，而非独立型和分散持股型机构投资者与企业债权代理成本不相关。独立型机构投资者与上市企业不存在商业联系，因此在参与公司治理时能够保持独立；集中持股型机构投资者持股量大，对公司治理影响力度大，这两类机构投资者能够参与公司治理，有效监督和制约企业经理人和大股东，缓解经理人、大股东与债权人之间的冲突，从而减少债权代理成本。非独立型机构投资者需要考虑与上市企业维持商业联系，在参与公司治理时不能保持独立性；分散持股型机构投资者持股量小，对公司影响力度小，这两类机构投资者参与公司治理程度低，因此不具有治理效应，不能有效减少企业债权代理成本。

（2）机构投资者影响企业内外部信息不对称程度，但不同类型的机构投资者对企业信息不对称程度的影响存在差异。本书研究了独立型和非独立型机构投资者对企业信息不对称程度的影响，研究结果表明：独立型机构投资者一方面参与公司治理，能够充分挖掘上市企业信息，并督促企业披露相关信息，提高上市企业信息披露质量；另一方面具有信号传递功能，通过交易行为将上市企业相关信息传递给资本市场上其他投资者，从而降低企业信息不对称程度；非独立型机构投资者则不影响企业信息不对称程度。

（3）机构投资者对企业融资约束程度产生影响，但不同类型的机构投资者对融资约束的影响存在差异。企业融资约束产生原因在于企业内经理人与外部债权人之间信息不对称，因此在研究机构投资者对企业信息不对称影响的基础上，进一步探讨了机构投资者对企业融资约束的影响。研究发现：独立型机构投资者参与公司治理，降低企业内外部信息不对称程度，并且缓解企业融资约束程度；而非独立型机构投资者既不影响企业信息不对称，也不影响企业融资约束。

（4）机构投资者影响企业融资约束后，能够进一步影响企业因融资约束而产生的债权代理成本。如果企业融资约束程度严重，则意味着企业难以通过对外借债进行融资，需要耗费更多的融资成本，形成较高的债权代理成本。本书将融资约束作为中间传导机制，引入到机构投资者影响企业债权代理成本的研究中，揭示机构投资者通过何种途径影响企业债权代理成本。研究结果表明：独立型机构投资者能够显著降低企业融资约束程度，并且进一步减少企业因融资约束而产生的债权代理成本，说明独立型机构投资者发挥了治理作用，融资约束是独立型机构投资者影响企业债权代理成本的中介因素；非独立型机构投资者则对企业融资约束和债权代理成本不产生影响，说明非独立型机构投资者不具有该项治理功能。

（5）机构投资者发挥监督功能，能够对企业资产替代和投资不足行为产生影响，且不同类型的机构投资者对资产替代和投资不足行为的影响存在差异。从实证检验结果看，独立型机构投资者与企业资产替代和投资不足行为成反比，即独立型机构投资者作为股东参与公司治理，对经理人和大股东具有监督和制约功能，能够减少他们通过资产替代和投资不足行为侵占债权人利益；非独立型机构投资者对企业资产替代和投资不足不产生影响，说明非独立型机构投资者不具有监督功能。

（6）机构投资者通过监督行为影响企业资产替代和投资不足后，能够进一步影响企业因这些行为而产生的债权代理成本。本书引入监督行为来比较研究异质机构投资者对企业债权代理成本的影响。资产替代和投资不足是企业大股东和经理人侵占债权人利益的主要途径，这些行为是企业债权代理成本形成的原因之一，因此探讨了异质机构投资者是否监督和制约了资产替代和投资不足行为，并且是否通过这些行为影响企业债权代理成本。从研究结果看，独立型机构投资者具有监督经理人和大股东的治理功能，能够进一步减少企业因资产替代和投资不足行为而产生的债权代理成本，即监督行为是独立型机构投资者影响企业债权代理成本的中介机制；非独立型机构投资者不具有监督功能，不影响企业的债权代理成本。

第二节　相关对策思考

20 世纪 70 年代，应我国由计划经济向市场经济转型要求，我国资本市场应运而生。随后，在《中华人民共和国公司法》和《中华人民共和国证券法》的指导下，我国国有企业改制、上市并逐渐建立法人治理结构。由此可见，我国的上市企业不是市场经济自然发展的结果，而是我国市场化经济大环境下改革的成果，公司治理结构和制度建设非常仓促，不能解决我国上市企业代理问题，经理人侵占股东利益、大股东侵占中小股东利益、股东侵占债权人利益等事件频频发生，不利于企业和资本市场可持续发展。借鉴西方发达国家股权机构化经验，我国也提出了超常规发展机构投资者策略，希望机构投资者能够承担起监督上市企业，稳定资本市场的重任。通过前文的理论和实证研究，发现机构投资者确实参与了上市公司治理，但不同类别机构投资者参与公司治理程度不同，治理效果存在巨大差异，最终对企业债权代理成本影响也不一致。根据前文研究结果，提出如下对策建议：

（1）促进资本市场发展，积极培育机构投资者，为机构投资者参与上市公司治理提供良好的市场环境。得益于我国政府相关部门鼓励的态度和资本市场的蓬勃发展，自 21 世纪以来，我国机构投资者进入了飞速发展时期，无论是持股规模、增长速度，还是机构投资者的类别，都得到了极大提升。我国机构投资者已经成为资本市场的重要参与者，在上市公司治理和资本市场上起着举足轻重的作用。但与国外成熟的资本市场相比，我国机构投资者规模及数量与发达国家存在较大差异，参与公司治理方面受到的限制也较多。首先，应构建完善的资本市场体系，建立现代金融企业制度，推动金融创新和加强监管，促进资本市场良性有效发展，提高市场透明度，加强对投资者保护，为机构投资者发展提供良好的客观市场环境；其次，培养多元化和多层次的机构投资者，丰富资本市场投资主体，适当放宽对机构投资者持股限制，拓宽入市渠道；再次，鼓励有条件的机构投资者参与上市公司治理，提倡机构投资者的股东积极主义，从一开始的“用脚投票”被动式管理转变为主动介入上市企业生产经营决策管理，发挥监督和制约经理人、大股东的作用，改善公司治理；最后，发挥机构投资者自律机制，建立各类机构投资者行业协会，使之在协会中互相监督，弥补政府相关部门监管的不足。

（2）鼓励和促进独立型机构投资者发展，密切关注非独立型机构投资者的投资动向。机构投资者具有异质性，在制定机构投资者相关政策法规时，应区别对待。从前文的实证分析可以看出，独立型机构投资者能够在公司治理中起到积极作用，减少企业信息不对称程度、融资约束程度，监督经理人和大股东，减少企业债权代理成本。由此可见，我国应鼓励证券投资基金、QFII 和社保基金这类独立型机构投资者发展，为他们参与公司治理提供制度和环境上的支持。而非独立型机构投资者要维持与上市企业的商业联系，不能有效监督经理人和大股东，因此治理效果有限，有时甚至会迫于压力与经理人和大股东一起合谋进行利益侵占。对于券商、保险公司、信托公司、财务公司和企业年金这类非独立型机构投资者，应保持警惕态度，适当时候还可以要求这类机构投资者对有交易关联的上市企业投资项目具体信息进行披露，同时也要求上市企业在公告或财务报告中披露出与机构投资者的关联交易。此外，还需加强对这类机构投资者的监管，加大对机构投资者内幕交易和违规操作的打击力度，以维持资本市场的正常交易秩序。

（3）鼓励机构投资者集中持股。集中持股型机构投资者将大部分资金集中投资于某一家或某几家上市企业，这样可以利用有限的资金尽可能多地持有某一家或某几家上市企业股权。机构投资者集中持股后，一方面，可以在公司治理中掌握更多的话语权，甚至可以凭借大股东的身份进入公司董事会，直接参与企业生产经营决策；另一方面，集中持股型机构投资者作为企业的大股东，利益与企业一致，通过企业价值增长获得收益。这类机构投资者是参与公司治理的主力，能够对公司治理产生影响，改善治理结构和治理水平，因此，我国应引导机构投资者树立正确投资理念，在正式投资前利用信息优势分析上市企业价值和发展前景，从中挑选出绩优股，然后集中资金大量购入股票，密切关注企业动态，凭借其持有的股权积极参与股东大会，甚至向企业派驻董事，以达到参与公司治理的目的。偏好分散持股风格的机构投资者将有限的资金分布于众多上市企业，虽然有利于投资风险分散，但对于任何一家上市企业持股比例都不大，不具有大股东身份，相应地对企业影响力小，在公司治理方面也力不从心，有时这类机构投资者小规模持股还带有强烈的投机动机，不利于企业和资本市场长期有序发展。因此，应关注这类分散持股型机构投资者的投资行为和投资动向，预防他们的投机行为。

（4）完善机构投资者参与公司治理权利制度的相关法律法规。借鉴西方发达国家的经验可知，机构投资者可以通过参与股东大会、征集代理投票权、提交股东提案、公开建议、联合行动和董事提名等具体渠道参与公司治理，也是机构投资者作为股东所享有的权利。我国《公司法》对这些权利有相应说明，但是对实施主体和实施标准规定得比较模糊，例如规定只有“符合有关条件的股东”才能征集代理投票权，具体什么条件却没有相关说明；规定持股3%以上的股东就可以提交股东提案，但是对股东持股时间和提案内容的规定较为模糊；将股东提案权和董事提名制混淆在一起，没有单独对董事提名制进行说明。除了《公司法》以外，还有证监会颁布的有关规章制度也有作出上述权利的说明，但大部分是指导意见或规范章程，缺乏法律效力。由此可见，我国还应从法律的角度完善上述权利制度，使机构投资者参与公司治理有法可依，按照法律章程办事。

（5）加强对机构投资者的监管，使之更好地服务于资本市场。机构投资者是企业外部监督者的同时，也是被监督者，机构投资者自身也面临着治理问题。机构投资者的资金是从社会公众手中筹集而来，是这些投资者的受托人，承担着受托责任，本身存在委托代理问题，机构经理人也可能利用职权谋取私利，机构投资者自身的治理结构和管理也是需要关注的一个话题。因此，机构投资者应从自身出发，建立良好的治理结构和内控机制，健全董事会制度；严密监控机构经理人是否存在自利行为，是否存在利用职权进行内部交易或操纵股价等违规行为；规范机构投资者的信息披露，如及时向公众披露其持仓情况和变动情况等；加强对机构投资者的监管，规范机构投资者的交易行为，建立完善的机构投资者公司治理机制。此外，我国目前对机构投资者绩效评价唯业绩论，仅关注机构投资者的业绩排名，使得机构投资者投资中出现过度投机行为，偏离了价值投资和长期投资理念，也使得机构投资者在投资时面临着更多风险，不利于企业和资本市场健康发展。因此，应改善机构绩效评价体系，淡化机构投资者的短期绩效评价，注重长期绩效评价，机构投资者在进行投资策略组合时不仅要考虑其收益情况，更要考虑市场风险问题。

（6）加紧建立机构投资者人才队伍。机构投资者既是上市公司股东，又是广大投资者的信托人，具有双重代理身份，对机构经理人提出了较高的要求。一方面，机构经理人要满足广大投资者资产保值增值的需求，因此要求机构经理人具有投资战略的知识和能力；另一方面，机构投资者作为上市企业股东参与公司治理，又要求机构经理人能够掌握公司治理的相关知识。因此，需注重对机构投资者的人才培养，提升他们专业素养和工作能力，以更好地适应我国资本市场发展要求。

第三节　研究不足与未来研究展望

本书以我国上市企业为研究样本，考察了我国异质机构投资者对企业债权代理成本的影响，取得了一些研究结论，但我国资本市场发展是十分迅速的，机构投资者的持股规模、持股偏好和风格也是一直在变化的，对公司治理的影响也不断发生变化。本书以债权代理成本为出发点考察异质机构投资者的治理效应，并尝试探讨了一些机构投资者影响公司治理和债权代理成本的中介机制，因研究视角有限，加上受本人研究能力和研究条件所限，本书还存在不少不足之处，主要体现在以下几个方面：

（1）本书研究主题是异质机构的治理作用，在对异质机构投资者分类上，按机构投资者是否与上市企业存在商业联系分为独立型和非独立型机构；按企业前十大股东中是否有机构投资者分为集中持股型和分散持股型机构投资者。这只是众多异质机构投资者分类中的两种，不能完全代表异质机构投资者类别，因此研究不够全面。在实证研究中计算异质机构投资者持股相关指标方面，对每一类机构投资者都采取一种方法进行分类和核算，仅有一种方法计算指标使变量在测算上存在不足。

（2）与欧美发达国家较为完善的资本市场相比，我国资本市场开放较晚，机构投资者入市时间也短，可供研究的机构投资者和上市企业的数据及样本还不够完整，样本的研究时间也仅仅是从 2008~2017 年，研究年限较短。此外，我国对资本市场监管还不够完善，有些信息未被披露出来，因此机构投资者参与上市公司治理并影响企业债权代理成本的部分行为无法观测，影响了本书对机构投资者治理效应的研究。

（3）在讨论异质机构投资者影响债权代理成本的中介机制方面，本书考虑了融资约束、投资不足和资产替代，这些只是机构投资者影响企业债权代理成本众多影响因素中的几种，机构投资者还可能通过其他的中介因素影响企业债权代理成本。

（4）机构投资者与企业债权代理成本存在内生性，机构投资者对公司治理和企业债权代理成本产生影响，也有可能是公司治理和债权代理水平影响了机构投资者持股。为规避内生性问题，本书统一采用了解释变量滞后一期的方法，这种做法在以往学者研究中比较常见，但也不能完全解决内生性问题。

针对上述研究的不足，未来的研究还可以从如下方面展开：

（1）对于异质机构投资者的分类，除了独立型和非独立型机构投资者、集中持股型和分散持股型机构投资者以外，还可以将其按照持股时间长短分为长期和短期的机构投资者，或直接按照我国对八类机构投资者的分类方法，研究这些类别的机构投资者对企业债权代理成本的影响，更加细致和具体地研究异质机构投资者的治理效应。此外，本书对异质机构投资者持股指标核算仅采用一种方法，后续还可以转换指标计算方法，观察异质机构投资者对公司治理和债权代理成本影响的结论是否会因不同指标核算方法而产生差异。

（2）在研究中介因素上，本书选取了独立型和非独立型机构投资者这一类别为异质机构投资者的代表，后续还可以研究长期和短期、集中持股和分散持股等类别的机构投资者对债权代理成本影响的中介因素；在考察中介因素方面，本书仅讨论了融资约束、投资不足和资产替代，除此之外，还可以讨论企业资本结构、债务期限结构、债权稀释等因素，观察机构投资者是否通过这些中介因素作用于企业债权代理成本。

（3）在研究异质机构投资者对公司治理和企业债权代理成本影响时，本书从股东积极主义的角度出发，认为机构投资者参与公司治理，可以起到治理作用，同时也忽略了一个事实，即机构投资者本身就是上市企业大股东，存在代理问题。如果机构投资者与其他大股东和经理层一起合谋进行利益侵占，此时机构投资者的治理功能要大打折扣，甚至会导致企业新的代理问题。因此，机构投资者参与上市公司治理是否会加剧代理冲突，这也是未来值得关注的一个研究方向。

参考文献

[1] Agrawal A., Mandelker G. N.. Large Shareholders and the Monitoring of Managers: The Case of Antitakeover Charter Amendments [J]. The Journal of Financial and Quantitative Analysis, 1992, 25 (2): 143-161.

[2] Akerlof G. A.. The Market for "Lemon": Quality Uncertainty and the Market Mechanism [J]. Quarterly Journal of Economics, 1970, 84 (3): 488-500.

[3] Alchian A. A., Demsetz H.. Production, Information Costs, and Economic Organization [J]. The American Economic Review, 1972, 62 (5): 777-795.

[4] Almazan A., Hartzell J. C., Starks L. T.. Active Institutional Shareholders and Costs of Monitoring: Evidence form Executive Compensation [J]. Financial Management, 2005, 34 (4): 5-34.

[5] Ang J. S., Cole R. A., Lin J. W.. Agency Cost and Ownership Structure [J]. The Journal of Finance, 2000, 55 (1): 81-106.

[6] Autore D., Kovac T.. Equity Issues and Temporal Variation in Information Asymmetry [J]. Journal of Banking and Financing, 2009 (34): 12-23.

[7] Bae S. C., Klein D. P., Padmaraj R.. Event Risk Bond Covenants, Agency Costs of Debt and Equity, and Stockholder Wealth [J]. Financial Management, 1994, 23 (4): 28-41.

[8] Bagnani E. S., Milonas N. T., Saunders A., et al. Managers, Owners, and the Pricing of Risky Debt: An Empirical Analysis [J]. The Journal of Finance, 1994, 49 (2): 453-477.

[9] Barnea A., Haugen R. A., Senbe L. W.. A Rationale for Debt Maturity Structure and Call Provisions in the Agency Theoretic Framework [J]. Journal of Finance, 1980, 35 (5): 1223-1234.

[10] Berle A. A., Means G. C.. The Modern Corporation & Probate Property [M]. United States: Transaction Publishers, 1932.

[11] Bernanke B., Gertler M.. Agency Costs, Net Worth and Business Fluctuations [J]. American Economic Review, 1989, 79 (1): 14-31.

[12] Bhattacharya P. S., Graaham M. A.. On Institutional Ownership and Firm Performance: A Disaggregated View [J]. Journal of Multinational Financial Management, 2009, 19 (5): 370-394.

[13] Bradley M., Jarrell A., Kim H.. On the Existence of an Optimal Capital Structure: Theory and Evidence [J]. Journal of Finance, 1984, 39 (3): 857-878.

[14] Brancato C. K.. The Pivotal Role of Institutional in Capital Markets [M]. New York: Amold W. Sametz Institutional Investing, 1991.

[15] Brickley J. A., Lease R. C., Smith C. W.. Ownership Structure and Voting on Antitakeover Amendments [J]. Journal of Financial Economics, 1988, 20 (2): 267-292.

[16] Brockman P., Unlu E.. Dividend Policy, Creditor Rights, and the Agency Costs of Debt [J]. Journal of Financial Economics, 2009, 92 (2): 276-299.

[17] Bryan S., Nash R., Pate A.. Can the Agency Costs of Debt and Equity Explain the Changes in Executive Compensation during the 1990s? [J]. Journal of Corporate Finance, 2006, 12 (3): 516-535.

[18] Burns N., Kedia S., Lipson M.. Institutional Ownership and Monitoring: Evidence form Financial Misreporting [J]. Journal of Corporate Finance, 2010, 16 (4): 443-455.

[19] Bushee B. J.. Do Institutional Investors Prefer Near-term Earnings over Long-Term Value? [J]. Contemporary Accounting Research, 2001, 18 (2): 135-165.

[20] Bushee B. J.. The Influence of Institutional Investors on Myopic R&D Investment Behavior [J]. The Accounting Review, 1998, 73 (3): 305-333.

[21] Carleton W. T., Nelson J. M., Weisbach M. S.. The Influence of Institutions on Corporate Governance through Private Negotiations: Evidence Form TIAA-CREF [J]. The Journal of Finance, 1998, 53 (4): 1335-1362.

[22] Chen J., Blenman L., Chen D. H.. Does Institutional Ownership Create Values? The New Zealand Case [J]. Quarterly Journal of Finance and Accounting, 2008, 47 (4): 109-124.

[23] Coase R. H.. The Nature of the Firm [J]. Economica, 1937, 4 (16): 386-405.

[24] Cochran P. L., Wood R. A.. Corporate Social Responsibility and Financial Performance [J]. The Academy of Management Journal, 1984, 27 (1): 42-56.

[25] Cochran P. P., Wartick S. L.. Corporate Governance: A Review of the Literature [M]. USA: Financial Executives Research Foundation, 1988.

[26] Coffee J. C.. Liquidity Versus Control: The Institutional Investors as Corporate Monitor [J]. Columbia Law Review, 1991, 91 (6): 1277-1368.

[27] Cornett M. M., Marcus A. J., Tehranian H.. Corporate Governance and Payfor-Performance: The Impact of Earnings Management [J]. Journal of Financial Economics, 2008, 87 (2): 357-373.

[28] Corneet M. M., Marcus A. J., Saunders A., et al. The Impact of Institutional Ownership on Corporate Operating Performance [J]. Journal of Banking & Finance, 2007, 31 (6): 1771-1794.

[29] Crabbe L. E., Helwege J.. Alternative Tests of Agency Theories of Callable Corporate Bonds [J]. Financial Management, 1994, 23 (4): 3-20.

[30] DeFusco R. A., Johnoson R. R., Zorn T. S.. The Effect of Executive Stock Option Plans on Stockholders and Bondholders [J]. The Journal of Finance, 1990, 45 (2): 617-627.

[31] Denis K., McConnell J. J.. International Corporate Governance [J]. Journal of Financial and Quantitative Analysis, 2003, 38 (1): 1-36.

[32] Diamond D. W.. Reputation Acquisition in Debt Markets [J]. Journal of Political Economy, 1989, 97 (4): 828-826.

[33] Easterbrook F.. Two Agency-cost Explanations of Dividends [J]. American Economic Review, 1984, 75 (4): 650-659.

[34] Eberhart A. C.. Comparable Firms and the Precision of Equity Valuations [J]. Journal of Banking & Finance, 2001, 25 (7): 1367-1400.

[35] Elyasiani E., Jia J. J.. Institutional Ownership Stability and BHC Performance [J]. Journal of Banking & Finance, 2008, 32 (9): 1767-1781.

[36] Fama E. F., Miller M. H.. The Theory of Finance [M]. New York: Holt Rinehart and Winston, 1972.

[37] Fazzari S., Hubbard R. G., Petersen B. C.. Financing Constraints and Corporate Investment [J]. Brooking Papers on Economic Activity, 1988, 19 (1): 141-206.

[38] Ferreira M. A., Matos P.. The Colors of Investors: The Role of Institutional Investors around the World [J]. Journal of Financial Economics, 2008, 88 (3): 499-533.

[39] Firth M.. The Impact of Institutional Stockholders and Managerial Interests on the Capital Structure of Firms [J]. Managerial and Decision Economics, 1995, 16 (2): 167-175.

[40] Garner B. A.. Black's Law Dictionary [K]. Mini Sota: West Group, 2009.

[41] Garven J. R., MacMinn R. D.. The Underinvestment Problem, Bond Covenants, and Insurance [J]. The Journal of Risk and Insurance, 1993, 60 (4): 635-646.

[42] Gavish B., Kalay A.. On the Asset Substitution Problem [J]. The Journal of Financial and Quantitative Analysis, 1983, 18 (1): 21-30.

[43] Gertler M.. Financial Capacity and Output Fluctuation in an Economy with Multi-Period Financial Relationships [J]. Review of Economics, 1992, 59 (3): 541-572.

[44] Gillan S., L. Starks. Corporate Governance, Corporate Ownership,

and the Role of Institutional Investors: A Global Perspective [J]. Journal of Applied Finance, 2003, 13 (2): 4-22.

[45] Gilson R. J., Roe M. J.. Understanding the Japanese Keiretsu: Overlaps between Corporate Governance and Industrial Organization [J]. The Yale Law Journal, 1993, 102 (4): 871-906.

[46] Graves S., Waddock S.. Institutional Ownership and Control: Implications for Long-term Corporate Strategy [J]. Academy of Management Executive, 1990, 4 (1): 75-83.

[47] Greener M.. The Penguin Business Dictionary [K]. UK: The Penguin, 1999.

[48] Greenwald B., Striglitz J., Welss A.. Information Imperfections in the Capital Market and Macroeconomic Fluctuations [J]. American Economic Review, 1984, 74 (2): 194-199.

[49] Grier P., Zychowics E. J.. Institutional Investors, Corporate Discipline and the Role of Debt [J]. Journal of Economics and Business, 1994 (46): 1-11.

[50] Grossman S. J., Hart O. D.. The Economics of Information and Uncertainty: Corporate Financial Structure and Management Incentive [M] Chicago: The University of Chicago Press, 1982.

[51] Grossman S. J., Stiglitz J. E.. Information and Competitive Price Systems [J]. American Economic Review, 1976, 66 (2): 246-253.

[52] Hadlock C. J., Pierce J. R.. New Evidence on Measuring Financial Constraints Moving beyond the KZ Index [J]. The Review of Financial Studies, 2010, 23 (5): 1909-1940.

[53] Harris M., Raviv A.. Capital Structure and the Informational Role of Debt [J]. Journal of Finance, 1990, 45 (2): 321-349.

[54] Harris M., Raviv A.. The Theory of Capital Structure [J]. Journal of Finance, 1991, 46 (1): 297-355.

[55] Hartzell J. C., Starks L. T.. Institutional Investors and Executive Compensation [J]. Journal of Accounting and Economics, 2003, 58 (6): 2351-2374.

[56] Heckman J. J., Ichimura H., Todd P. E.. Matching as an Econometric

Evaluation Estimator: Evidence from Evaluating a Job Training Programme [J]. The Review of Economic Studies, 1997, 64 (4): 605-654.

[57] Henrik C., Mattias N.. Agency Costs of Controlling Minority Shareholders [J]. Journal of Financial and Quantitative Analysis, 2003, 38 (4): 695-719.

[58] Hu J., Li A. Y., Zhang F. F.. Does Accounting Conservatism Improve the Corporate Information Environment? [J]. Journal of International Accounting and Economics, 2009, 48 (2): 132-150.

[59] Hyun H. S., Rene M. S. Firm Value, Risk and Growth Opportunities [J]. Financial Analysts Journal, 2000 (6): 27-41.

[60] Jarrell G. A., Poulsen A. B.. Shark Repellents and Stock Prices: The Effects of Antitakeover Amendments Since 1980 [J]. Journal of Financial Economics, 1987, 19 (1): 127-168.

[61] Jensen M. C., Meckling W. H.. Theory of the Firm: Managerial Behavior, Agency Costs and Ownership Structure [J]. Journal of Financial Economics, 1976, 3 (4): 305-360.

[62] Jensen M. C.. Agency Cost of Free Cash Flow, Corporate Finance, and Takeovers [J]. American Economic Review, 1986, 76 (2): 323-339.

[63] John K., Nachman D.. Risky Debt, Investment Incentives, and Reputation in a Sequential Equilibrium [J]. The Journal of Finance, 1985, 40 (3): 863-878.

[64] Johnson S. A.. The Effect of Bank Debt on Optimal Capital Structure [J]. Financial Management, 1998, 27 (1): 47-56.

[65] Kaplan S. N., Zingales L.. Do Investment-cash Flow Sensitivities Provide Useful Measures of Financing Constraints [J]. The Quarterly Journal of Economics, 1997, 112 (1): 169-215.

[66] Klapper L., Love I.. Corporate Governance, Investor Protection and Performance in Emerging Markets [J]. Journal of Corporate Finance, 2004, 10 (5): 703-728.

[67] KuMbhakar S. C., Park B. U., Simar L., et al. Nonparametric Sto-

chastic Frontiers: A Local Maximum Likelihood Approach [J]. Journal of Econometrics, 2007, 137 (1): 1-27.

[68] Lafound R., Watts R. L.. The Information Role of Conservatism [J]. The Accounting Review, 2008, 83 (2): 447-478.

[69] Lang M., Maffett M.. Transparency and Liquidity Uncertainty in Crisis Periods [J]. Journal of Accounting and Economics, 2011, 52 (2): 101-125.

[70] Leland. Agency Costs, Risk Management, and Capital Structure [J]. The Journal of Finance, 1998, 53 (4): 1213-1243.

[71] Ji L., Lam K., Qian G., et al. The Effects of Institutional Ownership on Corporate Governance and Performance: An Empirical Assessment in Hong Kong [J]. Management International Review, 2006, 46 (3): 259-276.

[72] Li K., Harford J., Chen X.. Monitoring: Which Institutions Matter? [J]. Journal of Financial Economics, 2007, 86 (2): 279-305.

[73] Manso G.. Investment Reversibility and Agency Cost of Debt [J]. Econometrica, 2008, 76 (2): 437-442.

[74] McKnight P. J., Wei C.. Agency Costs, Corporate Governance Mechanisms and Ownership Structure in Large UK Publicly Quoted Companies: A Panel Data Analysis [J]. The Quarterly Review of Economics and Finance, 2009, 49 (2): 139-158.

[75] Mello A. S., Parsons J. E.. Measuring the Agency Cost of Debt [J]. The Journal of Finance, 1992, 47 (5): 1887-1904.

[76] Modigliani F., Miller H.. The Cost of Capital, Corporation Finance and the Theory of Investment [J]. The American Economic Review, 1958, 48 (3): 261-297.

[77] Modigliani F., Miller M. H.. Corporate Income Taxes and the Cost of Capital: A Correction [J]. American Economic Review, 1963, 53 (3): 433-443.

[78] Myers S. C.. Determinants of Corporate Borrowing [J]. Journal of Financial Economics, 1977, 5 (2): 147-175.

[79] Myers S. C., Majluf N. S.. Corporate Financing and Investment Deci-

sions When Firms Have Information That Investors Do Not Have [J]. The Journal of Finance Economics, 1984, 13 (2): 187-221.

[80] Myers S. C.. Outside Equity [J]. Journal of Finance, 2000, 55 (3): 1005-1037.

[81] Najah A., Cleary S., Ghoul S. E., et al. Institutional Investment Horizon and Investment-cash Flow Sensitivity [J]. Journal of Banking & Finance, 2012, 36 (4): 1164-1180.

[82] Najah A., Cleary S., Ghoul S. E. Institutional Investment Horizons and the Cost of Equity Capital [J]. Financial Management, 2013, 42 (2): 441-477.

[83] Newman P., Milgate M., Eatwell J.. 新帕尔格雷夫货币金融大辞典 [K]. 胡坚等译. 北京: 经济科学出版社, 2000.

[84] Ng J.. The Effect of Information Quality on Liquidity Risk [J]. Journal of Accounting and Economics, 2011, 52 (2-3): 126-143.

[85] Opler T., Pinkowitz L., Stulz R., et al. The Determinants and Implications of Corporate Cash Holdings [J]. Journal of Financial Economics, 1999, 52 (1): 3-46.

[86] Ortiz-Molina H.. Executive Compensation and Capital Structure: The Effects of Convertible Debt and Straight Debt on CEO Pay [J]. Journal of Accounting and Economics, 2007, 43 (1): 69-93.

[87] Parrino R., Weisbach M. S.. Measuring Investing Distortions Arising from Stockholder-Bondholder Conflicts [J]. Journal of Financial Economics, 1999, 53 (1): 3-42.

[88] Pawlina G.. Underinvestment, Capital Structure and Strategic Debt Restructuring [J]. Journal of Corporate Finance, 2010, 16 (5): 678-702.

[89] Peng L., Xiong W.. Investor Attention, Overconfidence and Category Learning [J]. Journal of Financial Economics, 2006, 80 (3): 563-602.

[90] Philips G. M.. Increased Debt and Industry Product Markets: An Empirical Analysis [J]. Journal of Financial Economics, 1995, 37 (2): 189-238.

[91] Porta R. L., Lopes-De-Silanes F., Shleifer A.. Corporate Owner-

ship around the World [J]. The Journal of Finance, 1999, 54 (2): 471-517.

[92] Pour E. K., Khansalar E.. Does Debt Capacity Matter in the Choice of Debt in Reducing the Underinvestment Problem? [J]. Research in International Business and Finance, 2015, 34: 251-264.

[93] Richardson S.. Over-investment of Free Cash Flow [J]. Review of Accounting Studies, 2006, 11 (2-3): 159-189.

[94] Roberts G., Yuan L.. Does Institutional Ownership Affect the Cost of Bank Borrowing? [J]. Journal of Economics & Business, 2010, 62 (6): 604-626.

[95] Ross S. A.. The Economic Theory of Agency: The Principal's Problems [J]. American Economic Reviews, 1973, 63 (2): 134-139.

[96] Shleifer A., Vishny R. W.. Large Shareholders and Corporate Control [J]. Journal of Political Economy, 1986, 94 (3): 461-488.

[97] Shleifer A., Vishny R. W.. A Survey of Corporate Governance [J]. Journal of Finance, 1997, 52 (2): 737-783.

[98] Sias R. W., Starks L. T., Titman S.. Changes in Institutional Ownership and Stock Returns: Assessment and Methodology [J]. The Journal of Business, 2006, 79 (6): 2869-2910.

[99] Smith C. W., Warner J. B.. On Financial Contracting: An Analysis of Bond Covenants [J]. Journal of Financial Economics, 1979, 7 (2): 117-161.

[100] Smith M. P.. Shareholder Activism by Institutional Investors: Evidence from CalPERS [J]. The Journal of Finance, 1996, 51 (1): 227-252.

[101] Spence M.. Job Market Signaling [J]. Quarterly Journal of Economics, 1973, 87 (3): 355-374.

[102] Stiglitz J. E., Weiss A.. Credit Rationing in Markets with Imperfect Information [J]. The American Economic Review, 1981, 71 (6): 393-410.

[103] Tirole J.. Corporate Governance [J]. Econometrica, 2001, 69 (1): 1-35.

[104] Tirole J.. 公司金融理论 [M]. 王永钦译. 北京: 中国人民大学出版社, 2007.

［105］ Tsuji Y.. Measuring the Agency Costs of Debt: A Simplified Approach ［J］. Journal of Business, Economics & Finance, 2012, 1 (3): 70-96.

［106］ Vanden J. M.. Asset Substitution and Structured Financing ［J］. The Journal of Financial and Quantitative Analysis, 2009, 44 (4): 911-951.

［107］ Wahal S., McConnell J. J.. Do Institutional Investors Exacerbate Managerial Myopia? ［J］. Journal of Corporate Finance, 2000, 6 (3): 307-329.

［108］ Wahal S., McConne J. J.. Do Institutional Investors and Executive Compensation ［J］. The Journal of Finance, 2000, 58 (6): 2351-2374.

［109］ Wahal S.. Pension Found Activism and Firm Performance ［J］. Journal of Financial and Quantitative Analysis, 1996, 31 (1): 1-23.

［110］ Wang D. C.. Founding Family Ownership and Earnings Quality ［J］. Journal of Accounting Research, 2006, 44 (3): 619-656.

［111］ Whited T. M., Wu G.. Financial Constraints Risk ［J］. The Review of Financial Studies, 2006, 19 (2): 531-559.

［112］ Yan X., Zhang Z.. Institutional Investors and Equity Returns: Are Short-term Institutions Better Informed? ［J］. The Review of Financial Studies, 2009, 22 (2): 893-924.

［113］ 薄仙慧，吴联生．国有控股与机构投资者的治理作用：盈余管理视角［J］．经济研究，2009 (2): 81-91.

［114］ 曹国华，林川．管理层激励与债务期限结构选择——基于非金融行业上市公司的面板数据［J］．南京审计学院学报，2013 (1): 52-60.

［115］ 曾颖，陆正飞．信息披露质量与股权融资成本［J］．经济研究，2006 (2): 69-79.

［116］ 陈佳，吴立源，吴泽福．机构投资者持股、异质性对上市公司债务融资的研究——基于2009—2013年沪深A股的经验证据［C］．第九届中国管理学年会公司治理分会场论文集，2014.

［117］ 陈宁，彭晨宸．机构调研、信息披露与企业研发活动［J］．中国注册会计师，2018 (10): 62-67.

［118］ 陈运森，谢德仁．网络位置、独立董事治理与投资效率［J］．管理世界，2011 (7): 113-127.

[119] 程昕，杨朝军，万孝园．机构投资者、信息透明度与股价波动 [J]．投资研究，2018，37（6）：55-77.

[120] 丁方飞，范丽．我国机构投资者持股与上市公司信息披露质量——来自深市上市公司的证据 [J]．软科学，2009，23（5）：18-23.

[121] 范海峰，胡玉明，石水平．机构投资者异质性、公司治理与公司价值——来自中国证券市场的实证证据 [J]．证券市场导报，2009（10）：45-51.

[122] 冯福根．双重委托代理理论：上市公司治理的另一种分析框架——兼论进一步完善中国上市公司治理的新思路 [J]．经济研究，2004（12）：16-25.

[123] 冯照桢，宋林．异质机构、企业性质与企业社会责任信息披露 [J]．山西财经大学学报，2013，35（12）：84-92.

[124] 高雷，高田．信息披露、代理成本与公司治理 [J]．财经科学，2010（12）：34-42.

[125] 高雷，宋顺林．公司治理与公司透明度 [J]．金融研究，2007（11）：28-44.

[126] 高雷，张杰．公司治理、机构投资者与盈余管理 [J]．会计研究，2008（9）：64-72.

[127] 葛永波，周倬君，柳艳．融资约束导致投资不足还是代理问题导致投资过度？——基于上市公司的经验证据 [J]．东岳论丛，2012，33（3）：105-110.

[128] 龚凯颂，朱诗敏．上市公司财务困境与资产替代行为研究 [J]．会计之友，2008（8）：44-50.

[129] 顾银宽，张春想．机构投资者持股及股权性质对债务融资的影响 [J]．安徽工业大学学报（社会科学版），2014，31（1）：15-18.

[130] 胡援成，潘启娣．现金持有、融资约束与资本结构非线性调整——基于动态面板阈值回归模型的实证研究 [J]．当代财经，2017（1）：110-122.

[131] 胡援成．企业资本结构与效益及效率关系的实证研究 [J]．管理世界，2002（10）：146-152.

[132] 黄铮. 机构投资者与上市企业融资约束研究 [J]. 经济师, 2015 (11): 153-155.

[133] 江伟, 沈艺峰. 大股东控制、资产替代与债权人保护 [J]. 财经研究, 2005 (12): 95-106.

[134] 蒋艳辉, 唐家财, 姚靠华. 机构投资者异质性与上市公司 R&D 投入——来自 A 股市场高新技术企业的经验研究 [J]. 经济经纬, 2014 (4): 86-91.

[135] 李国俊. 我国上市公司现金持有行为分析——基于融资约束理论的经验证据 [D]. 合肥: 合肥工业大学, 2011.

[136] 李寿喜. 产权、代理成本和代理效率 [J]. 经济研究, 2007 (1): 102-113.

[137] 李维安. 公司治理学 [M]. 北京: 高等教育出版社, 2009.

[138] 李维安, 李滨. 机构投资者介入公司治理效果的实证研究——基于 $CCGI^{NK}$ 的经验研究 [J]. 南开管理评论, 2008 (1): 4-14.

[139] 李祎, 刘启亮, 李洪. IFRS、财务分析师、机构投资者和权益资本成本——基于信息治理观视角 [J]. 会计研究, 2016 (10): 26-33.

[140] 李勇, 胡非凡. 信息不对称一定导致融资约束吗? ——基于中国上市公司的实证分析 [J]. 金融经济学研究, 2016, 31 (1): 96-105.

[141] 李争光等. 机构投资者异质性、会计稳健性与投资效率——来自中国上市公司的经验证据 [J]. 当代财经, 2015 (2): 106-117.

[142] 刘飞, 王开科. 我国中小板上市公司是投资不足还是投资过度? [J]. 经济评论, 2014 (4): 122-135.

[143] 刘汉民, 刘锦. 资本结构、公司治理与国企改革—— "资本结构与公司治理研讨会" 综述 [J]. 经济研究, 2001 (10): 83-85.

[144] 罗栋梁. 机构投资者促进上市公司负债融资的实证分析 [J]. 学术交流, 2010 (12): 96-99.

[145] 罗明琦. 企业产权、代理成本与企业投资效率——基于中国上市公司的经验证据 [J]. 中国软科学, 2014 (7): 172-184.

[146] 吕长江, 张艳秋. 企业财务状况对负债代理成本的影响 [J]. 数量经济技术经济研究, 2002 (12): 108-112.

［147］宁吉安，姚益龙．公司资产替代、负债率与债务期限［J］．学术研究，2013（4）：85-90.

［148］潘越，戴亦一，魏诗琪．机构投资者与上市公司“合谋”了吗：基于高管非自愿变更与继任选择事件的分析［J］．南开管理评论，2011，14（2）：69-81.

［149］彭利达．异质机构投资者参与上市公司治理研究——基于上市公司现金分红的视角［D］．济南：山东大学，2016.

［150］平新乔，范瑛，郝朝艳．中国国有企业代理成本的实证分析［J］．经济研究，2003（11）：42-53.

［151］钱颖一．企业的治理结构改革和融资结构改革［J］．经济研究，1995（1）：20-29.

［152］石颖．机构投资者持股与上市公司融资结构实证研究［D］．重庆：重庆工商大学，2011.

［153］宋冬林，张迹．机构投资者参与公司治理的经济学分析［J］．经济纵横，2002（5）：17-20.

［154］宋玉，陈芩．基于上市公司信息环境的机构投资者实地调研行为研究——来自深市主板市场的经验证据［J］．江西财经大学学报，2017（4）：45-55.

［155］谭劲松，林雨晨．机构投资者对信息披露的治理效应——基于机构调研行为的证据［J］．南开管理评论，2016，19（5）：115-126.

［156］陶晓慧．资产替代、债务期限结构与债权人保护［J］．经济与管理研究，2009（8）：67-72.

［157］童盼，陆正飞．负债融资、负债来源与企业投资行为——来自中国上市公司的经验证据［J］．经济研究，2005（5）：75-84.

［158］汪辉．上市公司债务融资、公司治理与市场价值［J］．经济研究，2003（8）：28-35.

［159］王俊飙，刘明，王志诚．机构投资者持股对新股增发折价影响的实证研究［J］．管理世界，2012（10）：172-173.

［160］王琨，肖星．机构投资者持股与关联方占用的实证研究［J］．南开管理评论，2005（2）：27-33.

[161] 王铁林．机构投资者参与公司会计治理：意愿、影响因素与路径 [J]．财会通讯，2010（18）：95-97.

[162] 王彦超．融资约束、现金持有与过度投资 [J]．金融研究，2009（7）：121-133.

[163] 王志芳，油晓峰．我国上市公司债务代理成本的实证分析 [J]．财政研究，2009（7）：74-77.

[164] 王治，周宏琦．负债、负债结构与企业投资行为——来自中国上市公司的经验证据 [J]．海南大学学报（人文社会科学版），2007（2）：169-175.

[165] 翁洪波，吴世农．机构投资者、公司治理与上市公司股利政策 [J]．中国会计评论，2007，5（3）：367-380.

[166] 吴敬琏．现代公司与企业改革 [M]．天津：天津人民出版社，1994.

[167] 吴晓晖，姜彦福．机构投资者治理效率研究 [J]．统计研究，2006（9）：33-36.

[168] 夏宁，董艳．机构投资者持股、董事会治理与盈余管理 [J]．华北电力大学学报（社会科学版），2016（3）：79-86.

[169] 肖丫苹，丁聪敏．后危机时代银行债权与企业投资不足——来自我国上市公司的经验证据 [J]．会计之友，2014（10）：49-53.

[170] 肖作平．公司治理结构对资本结构类型的影响——一个 Logit 模型 [J]．管理世界，2005（9）：137-147.

[171] 肖作平．终极控制股东对债务期限结构选择的影响——来自中国上市公司的经验数据 [J]．南开管理评论，2011，14（6）：25-35.

[172] 肖作平．资本结构影响因素：理论和证据 [J]．证券市场导报，2003（6）：58-63.

[173] 辛清泉，林斌，王彦超．政府控制、经理薪酬与资本投资 [J]．经济研究，2007（8）：110-122.

[174] 徐寿福，李志军．机构投资者异质性与公司治理：现金股利政策视角 [J]．投资研究，2013（9）：98-111.

[175] 许绍双，田昆儒．机构投资者公司治理角色的识别：一个基于持

股比例的博弈分析［J］. 南开管理评论，2009（5）：65-89.

［176］严杰. 证券词典［K］. 上海：复旦大学出版社，1993.

［177］杨海燕，孙健. 监督或无为：异质机构投资者对代理成本的影响［C］. 中国会计学会学术年会，2011.

［178］杨海燕，韦德洪，孙健. 机构投资者持股能提高上市公司会计信息质量吗？——兼论不同类型机构投资者的差异［J］. 会计研究，2012（9）：16-23.

［179］杨兴全，陈旭东. 负债融资契约的治理效应研究［J］. 财政研究，2004（8）：53-56.

［180］姚远. 机构投资者持股与上市公司资本结构关系研究［J］. 财会通讯，2010（11）：79-81.

［181］伊志宏，李艳丽，高伟. 异质机构投资者的治理效应：基于高管薪酬视角［J］. 统计与决策，2010（5）：122-125.

［182］张弛. 机构投资者与代理成本——基于高管薪酬的实证分析［J］. 现代管理科学，2013（1）：100-102.

［183］张纯，吕伟. 机构投资者、终极产权与融资约束［J］. 管理世界，2007（11）：119-126.

［184］张维迎. 所有制、治理结构与委托—代理关系——兼评崔之元和周其仁的一些观点［J］. 经济研究，1996（9）：3-15.

［185］张文霞. 异质机构投资者的治理角色——基于过度投资和投资不足的角度［J］. 山东工会论坛，2014（5）：51-54.

［186］郑志刚，孙娟娟. 我国上市公司治理发展历史与现状评估［J］. 金融研究，2009（10）：118-132.

［187］郑志刚. 投资者之间的利益冲突和公司治理机制的整合［J］. 经济研究，2004（2）：115-125.

［188］周伟贤. 投资过度还是投资不足——基于A股上市公司的经验证据［J］. 中国工业经济，2010（9）：151-160.

［189］朱长春. 公司治理标准［M］. 北京：清华大学出版社，2014.

［190］朱志标，张楠. 债务代理成本形成机理分析［J］. 财会通讯，2010（10）：50-51.

后 记

转眼到了要毕业的时候了，要跟母校说声再见了。回顾这几年的求学生涯，感慨良多，有太多的回忆，也有许多要感谢的人。

首先要感谢我的导师胡援成老师。胡老师治学严谨、学识渊博、睿智儒雅、胸怀豁达、宽厚谦逊，能够师从胡老师，是我之大幸。我的博士学位论文从选题到最终定题，从框架构建到论文写作，从研究方法的确定到实证的展开，从初稿修改到最终定稿，无一不是胡老师悉心指导的结果。求学期间，经常会在学术上碰到许多难题需要指导，每次都是胡老师不厌其烦地给我解答，引导我查阅各种资料，阅读各种书籍，胡老师的点拨总是能让我豁然开朗，受益匪浅。师母陈和潮老师待人亲切，为人随和，经常在学业和生活上关心我、鼓励我。胡老师和师母待我就像对待自己的孩子一样，让我倍感温暖和亲切。

其次要感谢金融学院的邹玲老师、吕江林老师、严武老师、孙秉文老师、汪洋老师、桂荷发老师、黄涛老师。感谢他们在课堂上的传道授业，引导我步入学术的殿堂，让我体会到金融学的无穷魅力。回想当年考入江西财经大学本科学习后，是我的班主任彭清宁老师细心指导我一步步走到今天，时至今日她从未间断过对我的关心和爱护，她是我一生中要特别感谢的恩师。

我还要感谢同窗张朝洋同学和师兄洪勇。他们在我论文写作过程中给予我许多无私的帮助，帮助我顺利完成论文写作。感谢同学张蕊，求学期间我们互相陪伴和鼓励，我们都是在职读博，学习期间生下女儿，在照顾幼儿的同时要完成论文的撰写，又要兼顾工作，这其中的艰辛只有经历过才知道。相似的经历让我们彼此之间更能理解对方的不易，我们也成为了无话不谈的知己。感谢同窗程德巧、沈国庆、荣璟、熊航。读博路上有你们相伴，是我这一生中非常宝贵的经历，我将带着这一份美好的回忆继续前行。感谢同事王秋红博士，她在我博士论文撰写过程中提供了许多帮助。

最后要感谢我的家人和朋友。感谢我的父母多年来对我的培养，为我提供了一个无忧无虑的环境，尤其是我的母亲，女儿出生后是她一直在帮我照顾，为我解决了后顾之忧，让我能够专心完成学业。

谢谢你们，我的亲人、我的良师益友，谢谢你们的指引、帮助和鼓励，谢谢你们对我的爱和包容！

卢 凌

2019 年 6 月